UNE ŒUVRE OUVRIÈRE

SOUS L'ANCIEN RÉGIME

LES PETITS RAMONEURS

ÉTUDE

augmentée de documents nouveaux,

PAR LE

P. V. DELAPORTE, S. J.

PARIS
VICTOR RETAUX, LIBRAIRE-ÉDITEUR
82, RUE BONAPARTE, 82

1900

LA

LOI DE CAÏN

Par SETH

Un volume in-18 jésus. . . . 1 fr. 50

Voici un livre prophétique : prophète de malheur, mais aussi de vérité, hélas ! si s'accomplit le nouvel attentat contre nos libertés. **La Loi de Caïn,** — on l'a deviné — est celle qui, sous le masque de *stage scolaire*, veut arracher les âmes des jeunes croyants à la direction de leurs parents pour essayer de leur ravir la foi.

L'auteur suppose la loi perpétrée et nous transporte au lendemain du vote, dans ce douloureux et menaçant avenir. Un gracieux et brillant adolescent, fils aîné d'une chrétienne famille, se voit forcé d'entrer interne au lycée, afin d'être admis à concourir pour l'Ecole Polytechnique. Périlleuse épreuve que celle-là! et à laquelle ne résisteront pleinement que les caractères fortement trempés. Malheureusement, ce n'est pas ici le cas. L'énergie du jeune homme n'est pas proportionnée à son intelligence. Après des scènes tristement vécues dans leur poignante sincérité, on le voit peu à peu perdre sa foi, sa vertu; puis s'éloigner des siens dont les croyances et la vie lui deviennent un reproche; enfin mourir prématurément de la plus triste des morts.

Tel est le plan, bien simple assurément; mais l'exécution le transforme. Quelle finesse d'analyse psychologique dans les descriptions de ce caractère ondoyant, qui cède et se reprend tour à tour, jusqu'à l'abandon final et l'endurcissement. A côté de lui, apparaît une délicieuse figure de mère, douce et douloureuse comme une Vierge de Carlo Dolci, dont le cœur est brisé par la ruine morale de son enfant et dont la raison chancelle sous l'impression de sa fin tragique. Il faut lire, surtout, le chapitre intitulé « Pauvre mère ! » Il est écrit avec des larmes et en fera sans doute couler plus d'une. Espérons qu'il inspirera aux mères chrétiennes la résolution indomptable de lutter avec l'énergie de l'amour, afin d'empêcher ou de faire rapporter la loi maudite qui s'en prend à l'âme de leurs enfants.

ÉMILE COLIN, IMPRIMERIE DE LAGNY (S.-ET-M.

UNE ŒUVRE OUVRIÈRE SOUS L'ANCIEN RÉGIME

LES PETITS RAMONEURS

DU MÊME AUTEUR

Récits et Légendes, 1re et 2e séries. Deux volumes in-18 jésus, 10e édition.
A travers les ages, récits et légendes, 3e série, 1 vol.
Du merveilleux dans la littérature française sous le règne de Louis XIV, thèse de doctorat, 1 vol. gr. in-8°.
De Historia Galliæ publica, privata, litteraria, regnante Ludovico XIV, latinis versibus a Jesuitis Gallis scripta.
L'Art poétique de Boileau, commenté par Boileau et par ses contemporains, 3 vol. in-8°.
L'Apothéose de Renan, in-18 jésus.
La Société de Marie-Réparatrice, 1 vol.
Les Classiques païens et chrétiens, 1 vol.
Études et causeries littéraires, 2 vol.
Carmen Seculare, traduction en vers.
De la Rime française, 1 vol.
Œuvres choisies du P. Fougeray, un vol.
Le Roi-Martyr, un vol.
Un Patron chrétien et apôtre, un vol.
Le Monastère des Oiseaux, 1 vol. in-8°.

THÉATRE

Loc'h Maria, drame en trois actes, en vers, 4e édition.
Une page d'histoire de France, un acte en vers, 4e édition.
Le Baptistère de la France, un acte, en vers, 2e édition.
Louis de Gonzague, un acte, en vers, 2e édition.
La Revanche de Jeanne d'Arc, drame en quatre actes, en vers, 4e édition.
Louis XVII, trois tableaux, en vers, 2e édition (7e mille).
Les Trente Sous de Vincent de Paul, idylle dramatique, un acte, en vers.
Saint Louis, drame en cinq actes, en vers.
Tolbiac, drame en quatre actes, en vers, 2e édition (4e mille).
Drames et Mystères. (*Fais ce que dois. — Saint Nicolas. — Louis de Gonzague. — Pierre Olivaint.*)
L'Aurore de Paques, mystère en deux tableaux, en vers.
Pour l'honneur, drame en quatre tableaux, en vers.

ÉMILE COLIN, IMPRIMERIE DE LAGNY (S.-&-M.)

UNE ŒUVRE OUVRIÈRE
SOUS L'ANCIEN RÉGIME

LES

PETITS RAMONEURS

ÉTUDE

augmentée de documents nouveaux.

PAR LE

P. V. DELAPORTE, S. J.

PARIS
VICTOR RETAUX, LIBRAIRE-ÉDITEUR
82, RUE BONAPARTE, 82

1900

La publication de ce travail dans les ÉTUDES, *en février 1900, valut à l'auteur la plus enviable récompense : l'envoi immédiat de documents nouveaux.*

L'auteur ne saurait mieux remercier tous ceux à qui il les doit, qu'en se hâtant de les mettre à profit. De là, cette brochure ; et cette histoire plus complète de l'Œuvre catholique, française, parisienne, des Ramoneurs, pendant deux siècles.

A défaut d'autres qualités, d'autre intérêt, on trouvera bon nombre de faits, jusque-là épars ou fort peu connus, rassemblés ici pour la première fois, mis en ordre et lumière ; groupés autour de noms illustres à plus d'un titre, dignes en vérité de toute admiration et reconnaissance.

Le sujet est modeste — IN TENUI LABOR — *mais la charité fut grande ; et la charité grandit tout ce qu'elle touche.*

UNE ŒUVRE OUVRIÈRE SOUS L'ANCIEN RÉGIME

LES PETITS RAMONEURS

Dans une chanson moitié gaie, moitié grave, que l'on chantait voilà vingt ans, chez les ramoneurs de Paris, à l'*École Pontbriant* (1), il y avait un couplet où l'on pouvait deviner une note mélancolique, une prophétie attristée :

Le ramoneur s'en va mourant ;
C'est le fumiste qui va naître.

De fait, les progrès de l'art du feu chassent le petit ramoneur des cheminées modernes ; impossible à un enfant de dix ans de se glisser, et de se hisser, dans ces tuyaux si étroits et si longs que l'on accole à des maisons de fer de six étages. La brosse, dite *hérisson*, promenée, de bas en haut, avec des chaînes ou des cordes, par des bras vi-

(1) Située *Impasse-aux-Bœufs* ; nous en parlerons plus loin.

goureux, remplace la vieille *raclette* qui pendait à la ceinture des pauvres petits artistes de la Savoie. Le fumiste est devenu un personnage ; ou plutôt les fumistes sont légion ; et le ramoneur ne grimpe plus que dans les cheminées d'antan ; le ramoneur s'en va mourant.

Avant qu'il disparaisse de nos sociétés raffinées, parlons un peu de ces humbles serviteurs nomades, à qui un *petit sou* rendait la vie ; mais au service desquels, de grands hommes de bien ont jadis consacré — sans bruit — leurs talents, leur temps, leur fortune, même leur vie. Le ramoneur, ou, comme on disait communément, le petit Savoyard, tenait peu de place dans le monde, aux siècles qui nous ont précédés ; par exemple, pour ne parler que de ceux-là, aux dix-septième et dix-huitième ; siècles de la gloire et de l'esprit. Toutefois il n'était pas oublié ni dédaigné ; il avait des amis et des apôtres. Alors que la *philosophie* entrevoyait à peine un homme sous les haillons du pauvre, et que Voltaire déclarait le peuple bon tout au plus à manger du foin, l'Église se souvenait du ramoneur ; la charité l'attendait au coin des rues, au sortir des cheminées ; elle allait audevant de son indigence ou de son ignorance. Comment ? sous quelle forme, dans quelle mesure et par les soins de qui ? C'est ce que j'ai essayé de raconter dans les pages qui vont suivre.

Un chroniqueur de Paris, après avoir, dans les premières années du dix-huitième siècle, découvert l'*Œuvre des Petits Ramoneurs*, après en avoir décrit le but, les moyens et les entreprises, s'arrêtait tout émerveillé, entonnait les louanges du Paris charitable, admirait combien il y avait de foi et de zèle dans la grande ville, et concluait naïvement : « Par cet établissement et par plusieurs autres dont j'ai parlé dans cet ouvrage, on voit que, si la charité s'est refroidie, ce n'est certainement pas dans la Ville de Paris (1). » La charité chrétienne de Paris s'étendait jusqu'aux ramoneurs ; l'Église allait à ce petit peuple ; et ce petit peuple était vraiment placé par l'Église *au rang des princes* (2).

I

L'Église va au peuple, depuis dix-neuf cents ans ; surtout au peuple qui souffre ou qui travaille. Depuis le Calvaire, il n'y a pas eu une catégorie d'êtres humains, si méprisés soient-ils, qui n'ait trouvé dans l'Eglise des consolateurs, des serviteurs, des missionnaires, des *aumôniers*. L'Église a visité l'ergastule et le bagne, les pestiférés, les sauvages, les lépreux. Les *Vies* des saints sont pleines de ces miracles sans cesse rajeunis. Par-

(1) Piganiol de la Force, *Description de Paris*, 1742. T. V, p. 180.

(2) Ut collocet eum cum principibus, cum principibus populi sui. (*Psalm.* cxii).

tout et en tous les temps, on y voit la charité qui se multiplie pour donner la vérité, la liberté, la santé, l'espérance; on y voit les plus grands et les maîtres de l'univers, des papes, des rois, à genoux aux pieds des mendiants qu'ils vont admettre à leur table; notre saint Louis portant un infirme dans un drap de soie à l'hôpital de Compiègne; sainte Élisabeth descendant de son castel de Wartburg, chargée de provisions pour les chaumières des alentours. L'histoire intime de l'Eglise n'est qu'une longue répétition de ces merveilles ; mais parfois on oublie ces vérités banales ; dans le tourbillon qui nous emporte et la fièvre d'agir qui nous secoue, on est trop souvent tenté de croire que notre siècle a inventé l'apostolat, les œuvres de miséricorde; ou, comme nous disons, les *œuvres*, tout court. C'est nous faire trop d'honneur.

Certes, notre siècle a le droit d'être fier, et peut énumérer, avec un légitime orgueil, les prodiges charitables qu'il a vus éclore dans notre France chrétienne ; mais, de grâce, ne dédaignons point ce qui s'est fait avant nous. Osons même nous avouer que presque tout ce que nous faisons a été, ou réalisé, ou deviné, dans le temps jadis. *Nil sub sole novum ;* même sous le soleil de la charité, il n'y a rien de bien nouveau, que des renouvellements.

Et pour ne pas remonter au déluge, rappelons-nous que, au dix-septième siècle, le *grand siècle* à tous égards, il y avait des œuvres, toutes sortes d'œuvres, établies pour le bien spirituel et temporel de toutes les classes; non seulement — cela va sans dire — pour les artisans et gens de métier, qui tous avaient depuis longtemps leurs corporations et confréries; non seulement pour les malades et les incurables qui avaient leurs Hôtels-Dieu servis par des milliers de Frères et de Sœurs, pour l'amour de Dieu (1); non seulement pour les Quinze-Vingts, qui avaient leur véritable « cité-modèle », fondée par saint Louis; mais pour toutes les autres misères. Pour les truands, quémands et citoyens des cours de miracles, à qui la duchesse d'Aiguillon ouvrit l'hôpital général de la Salpêtrière, autre cité-modèle, et que Bossuet nommait une « nouvelle ville »; pour les orphelins, enfants abandonnés et filles repentantes; pour les galériens et prisonniers; notamment les prisonniers pour dettes, dont mademoiselle de Lamoignon était la protectrice et la pourvoyeuse (2); puis pour les vagabonds sans feu ni lieu: car cette admirable *Hospitalité de nuit*, qui chez nous date d'hier, fut organisée à Paris, sous

(1) On a découvert naguère que jamais on n'avait imaginé et bâti des hôpitaux d'une façon plus « ingénieuse et pratique » qu'au moyen âge. Cf. Viollet-le-Duc : *Dictionnaire d'architecture*, au mot HÔPITAL; et Lecoy de la Marche : *la Guerre aux erreurs historiques*, p. 77.

(2) Cf. Article du P. H. Chérot : *les Lamoignon*, Études 5 mars 1898.

le règne de Louis XIV (1). Notons encore les « *Fourneaux de charité*, que la bienfaisance moderne croit peut-être avoir inventés (2) », mais qui existaient dans les rues de Paris, sous le nom de l'*Œuvre des Bouillons ;* et les visites des pauvres et malades que pratiquent si généreusement, depuis Ozanam, nos *Conférences de Saint-Vincent de Paul ;* mais où s'exerçaient activement, au dix-septième siècle, les « *Fraternités* ou confréries composées d'hommes et de femmes du monde, qui allaient visiter les malades chez eux et portaient des secours à domicile (3) ». Chose

(1) Voir article du P. Ch. Clair, *la Confrérie du Saint-Sacrement. Études*, 1888.

(2) *Saint Vincent de Paul*, par M. Emm. de Broglie, p. 206. — Voir le résumé de ces belles œuvres, le nom des bienfaiteurs, les chiffres des aumônes, au chapître XII du même ouvrage (Lecoffre, 1897).

(3) Lecoy de la Marche, *lib. cit.*, p. 87. — On donnait aussi à manger aux pauvres, soit dans sa propre maison, soit à l'hôpital, où l'on visitait les malades ; et veut-on savoir avec quel respect, et en quel esprit de foi, les chrétiens du dix-septième siècle s'acquittaient de ces actes de la plus généreuse humilité? Nous ne saurions proposer un plus admirable exemple que celui de la comtesse de Grignan, fille de madame de Sévigné, et femme du gouverneur de Provence : « La pieuse dame, à Grignan, à Aix, et à Marseille, donna à manger aux pauvres ; défendant qu'à l'occasion de sa visite dans les hôpitaux on purifiât l'air des chambres par des parfums. Le Jeudi saint, à Grignan, elle lavait et baisait les pieds des indigents ; puis les servait à table. » (Voir son *Oraison funèbre*, prononcée par le P. Croiset et recueillie par les Sœurs de la Visitation. *Les Jésuites à Marseille aux XVIIe et XVIIIe siècle*, par le P. E. Soullier, 1899, p. 82.)

peut-être plus inconnue : ces *Jardins ouvriers*, dont on parle tant et avec raison, depuis cinq ou six ans, eurent pour créateur Louis XIV en personne, qui partagea entre les familles de marins français les dunes de Port-Mardyck. Si nous avons aujourd'hui des *Dames catéchistes*, qui se dévouent, dans combien de paroisses, à l'instruction chrétienne de l'enfance, il y en avait au dix-septième siècle. Quand la cour était à Fontainebleau, madame de Maintenon partait du château, pour aller, avec madame de Dangeau et mademoiselle d'Aumale « prêcher aux écoles » — surtout à la petite école du village d'Avon. Nous avons des œuvres pour les *gens de service* ou *gens de maison;* mais serait-il bien possible de reprendre aujourd'hui l'œuvre, alors existante, pour évangéliser les cochers et laquais, au moment où ils gardaient le carrosse de leur maîtresse qui était allée, comme madame de Sévigné, « en Bourdaloue »?

Pendant ce temps-là, des missions renouvelaient la foi, dans les provinces du Nord et du Midi ; des missionnaires français travaillaient au Canada, au Levant, dans les Indes, en Chine, dans les îles françaises d'Afrique, y compris Madagascar; et, sur les côtes barbaresques, ils rachetaient, du vivant de saint Vincent de Paul, jusqu'à douze cents captifs chrétiens. — De quelque côté qu'on se tourne, au dix-septième siècle, on voit l'Église qui va au peuple pour le mener à Dieu ; et tandis que Bossuet, de sa grande voix, proclame l'*Éminente dignité des pauvres ;* que le roi bâtit pour ses soldats blessés et invalides un hôpital qui est un palais ; que les premiers princes du sang soignent, dans leur hospice de Chantilly, des vieillards qu'ils nomment les « cadets de Condé », le bienheureux de La Salle ouvre pour l'enfance des écoles gratuites, où les premiers livres sont le crucifix et la Croix-de-par-Dieu. Au surplus, un nom résume, au grand siècle, toute l'action de l'Église au service des petits, des malheureux, du peuple qui peine ou qui pleure ; c'est le nom de saint Vincent de Paul. Après Vincent de Paul, que reste-t-il à faire, sinon à étudier ce modèle, à le copier et reproduire ? Après lui, on n'invente plus ; la perfection, c'est de l'imiter en lui demandant de bénir nos œuvres présentes et futures.

Lorsqu'il parcourait les rues et carrefours de Paris, à la recherche des *miséreux* de ce temps-là, ou à la cueillette des nouveau-nés, le bon Monsieur Vincent rencontra sans doute plus d'une fois quelques-uns de ces petits étrangers, vêtus d'une grosse veste rousse, à la figure et aux mains noires de suie, exprimant en leur patois les plaintes, que le baron Guiraud a traduites en strophes pleines de larmes :

J'ai faim ; vous qui passez, daignez me secourir ;
Voyez, la neige tombe et la terre est glacée ;
J'ai froid ; le vent se lève et l'heure est avancée :
Et je n'ai rien pour me couvrir.

On ne saurait affirmer que Vincent de Paul ait pris directement soin des enfants de la Savoie; mais plusieurs de ses contemporains, probablement de ses amis, le suppléèrent dans cette pieuse besogne; et ce n'était pas une nouveauté. Il y avait deux, trois, quatre cents ans peut-être, que l'on descendait des montagnes qui avoisinent le mont Blanc, pour nettoyer les cheminées de Paris : opération qui se faisait d'abord avec des *ramons* ou menus branchages; d'où, le nom de *ramoneur*. Le moyen âge, c'est-à-dire le treizième siècle, créa les cheminées; et, comme tout ce qu'il imagina, il les fit puissantes, vastes, monumentales. On conçoit que ces cheminées, où l'on entassait les fagots de bois vert mêlé au bois sec, où l'on pouvait rôtir un veau tout entier, réclamèrent de bonne heure le secours d'artistes habiles à maniers les *ramons*, au bout de longues gaules; ces artistes vinrent du pays des Allobroges. Une vieille estampe des *Cris de Paris*, au quinzième siècle, nous montre le ramoneur, coiffé d'un bonnet allongé en forme de casque, portant sa gaule sur l'épaule droite; et marchant, la bouche ouverte, comme pour crier aux bourgeois et passants son refrain bien connu; « en attendant la chanson triomphale qui était de règle, lorsqu'il débouchait au sommet de la cheminée (1) ».

(1) V. Fournel : *Les Rues du Vieux Paris*, p. 520-521.

Une publication plus ancienne, et datant, comme les cheminées, du siècle de saint Louis, le *Catalogue rimé des rues de Paris*, par Guillot, nous apprend que, presque au bout de la Montagne Sainte-Geneviève, il y avait une *rue de Savoie ;* c'était le quartier où, de temps immémorial, s'assemblaient ces pauvres hirondelles noires. C'était là, aux environs de la Sorbonne, dans l'ombre des collèges échelonnés et bourdonnants comme des ruches sur la sainte colline, que la charité alla les chercher et réchauffer le cœur de ces petits exilés.

II

La charité avait pour messagers ordinaires des prêtres et des jeunes gens. Nous avons, au dix-neuvième siècle, nos œuvres de jeunesse, où les étudiants chrétiens de Paris se dévouent, avec l'entrain de leur âge, et l'activité généreuse de leur foi. C'est une tradition renouvelée du moyen âge. Sans doute, il y avait bien quelques bagarres bruyantes, aux environs de la rue du Fouarre, ou même, nombre de horions et coups d'estoc distribués, sans raison, sur les pelouses du Pré-aux-Clercs ; mais la charité rachète tant de choses ! Les étudiants n'étaient pas riches ; et les collèges de la Montagne n'avaient souvent que de maigres rentes ; mais on trouvait quand même, dans sa pauvreté, le moyen de faire l'aumône aux petits voisins qui ne pâlissaient point sur les graves problèmes du *quadrivium ;* et dont

Le teint, naguère rose et frais,
Passait par couches successives
Du brun marron au noir de jais,
Rebelle à toutes les lessives (1).

Deux de ces anciens collèges méritent une mention, d'abord, la Maison dite de la Charité-Notre-Dame, qui envoyait « des députations d'étudiants, ou des tiers, porteurs de secours, dans les chambrées de *Savoyards* (2) » ; puis, le collège de Montaigu, qui prenait un soin particulier des *Auvergnats* — émules des *Savoyards*, dans les plus modestes corvées.

Avec les jeunes gens des écoles, il y eut des prêtres doctes, zélés, voire célèbres, qui, à tour de rôle, depuis les siècles de fer, jusqu'au grand siècle, furent — selon le mot d'un historien — les « instituteurs des petits ramoneurs (3) ». On a gardé les noms de plusieurs ; par exemple : Nicol Coqueret, chanoine d'Amiens et apôtre des enfants de la capitale ; Robert Certain, principal du collège Sainte-Barbe, en 1556 ; bienfai-

(1) Poésie anonyme : *Instruction et persévérance des petits ramoneurs.* Œuvre de Saint-Paul, 1879, p. 25.

(2) Cf. Rapport de M. Fourier de Bacourt : *Patronage des petits ramoneurs,* 22 avril 1883, p. 6.

(3) *Ibid.*, p. 3.

teur des habitants de la Montagne Sainte-Geneviève, pour lesquels il fit creuser un puits, le fameux *Puits-Certain;* il fut aussi appelé, par droit de charité, le *Père des Savoyards;* enfin, Claude Grenet, curé de Saint-Benoît, à l'avènement de Louis XIV, qui couvrit la Montagne de petites écoles. En 1648, vers le temps de la Fronde, l'illustre chanoine Claude Joly, grand-chantre de Notre-Dame et inspecteur des écoles, daigna en visiter une, que le curé de Saint-Benoît avait ouverte près de son église; et, raconte une vieille relation, messire Claude Joly « ne fut pas peu surpris de se voir entouré de *petits noirs* qui parlaient une langue à lui inconnue. Il allait manifester son étonnement; mais, avec un sourire : « Messire, lui dit Claude Grenet, les Ramoneurs vous rendent grâces; ce sont les enfants de la Providence (1). »

Les *enfants de la Providence* ne furent jamais des orphelins. Mais c'est surtout, à partir des belles années de Louis XIV, que leur histoire offre plus de détails et de lumière. Il n'y a pas encore d'*Œuvre des Ramoneurs ;* mais des hommes connus, par leur naissance, leurs emplois, leurs vertus, prodiguaient aux *petits noirs* des secours de toute nature. Le plus en vue, et le vrai fondateur de l'*Œuvre*, fut, de 1662 à 1672, un jeune ecclésiastique, fils d'un receveur des

(1) Fourier de Bacourt, *loc. cit.*, p. 7.

Consignations au Parlement de Dijon, venu de Bourgogne, comme Bossuet, au collège de Navarre, pour conquérir ses grades de licence. Il s'appelait Bénigne Joly. Lors de son arrivée à Paris, il avait dix-huit ans; en guise de distraction à l'étude de ses thèses et aux disputes théologiques, il consacrait de longues heures aux artisans de petit métier, surtout aux Savoyards. Il s'en allait par les rues à leur recherche, leur faisait mille civilités et politesses, leur distribuait tantôt du pain, tantôt de l'argent; et, avec cet hameçon de l'aumône, il les attirait doucement aux catéchismes qu'il leur faisait dans l'Hôtellerie où il avait pris son logement; et là, avec une merveilleuse condescendance, il abaissait les hauteurs de sa théologie à la portée de leur intelligence. Bénigne Joly leur prêta de la sorte aide et assistance pour le corps et l'esprit pendant près de dix ans; au bout desquels, ayant été pourvu d'un canonicat, il dut rentrer à Dijon, dont il devint le bienfaiteur et l'apôtre. Nous n'avons point à raconter sa vie (1); disons seulement que ce catéchiste des Ramoneurs a été déclaré Vénérable par le pape Pie IX, en 1872, en attendant les honneurs des autels.

Un digne magistrat de Paris s'était empressé

(1) Une notice sur l'abbé Joly est due à la plume élégante de Mgr Bougaud, alors vicaire général d'Orléans; en tête d'une brochure sous ce titre : *Exercices de piété pour passer saintement la journée*.

de recueillir son héritage de zèle auprès de sa nombreuse famille des Savoyards. L'abbé Goujet lui consacre ces quelques lignes où, selon l'usage trop connu d'autrefois, l'éloge se borne à de vagues indications ; ce magistrat se nommait Claude Hélyot.

Claude Hélyot, homme pieux, Conseiller à la Cour des Aides de Paris, faisoit, vers 1670, venir chez lui quantité de jeunes gens, qui sont occupés à Paris à ramoner les cheminées, ou à d'autres emplois ; et après leur avoir fait la charité corporelle, il leur en faisoit une spirituelle, en leur enseignant la Doctrine chrétienne (1).

Hélyot mourut en 1686. Le successeur du *Vénérable* Bénigne Joly, et du conseiller Hélyot auprès des ramoneurs, fut un enfant ; mais cet enfant était un neveu de Colbert, qui daigna lui-même s'intéresser au sort de la population *savoyarde* de Paris, et qui, dans de remarquables arrêts encore subsistants, avait réglementé leur situation à Paris. Ce neveu de Colbert, un écolier, Claude Lepelletier de Sousy, fils d'un contrôleur général des finances, se chargea d'enseigner aux petits racleurs de cheminée leurs devoirs de chrétien et les secrets d'une meilleure vie. L'aimable éloquence de cet orateur de quinze ou seize ans porta des fruits et a laissé des sou-

(1) *Bibliothèque ecclésiastique du XVIIIe siècle.* T. II, p. 549.

venirs (1). Claude Lepelletier de Sousy était élève du Collège de Reims; et c'est là que, chaque jour, « au coin de la cour, derrière la classe de physique », il réunissait une vingtaine de ramoneurs, ses élèves à lui. « Sousy, en sortant de la classe, allait les trouver, leur faisait réciter la leçon de catéchisme qu'il leur avait assignée la veille, la leur expliquait, s'assurait, en les interrogeant, qu'ils l'entendaient. Avant de les congédier, il leur faisait à tous une aumône; plus forte à ceux qui l'avaient le mieux satisfait. »

On cite, de ce généreux enfant, d'autres faits ou des paroles qui prouvent son mépris des richesses, son amour des pauvres, son désir de consoler les déshérités de ce monde et de les conduire à Dieu; malheureusement, le tout se perd dans des phrases d'une rhétorique plus édifiante que précise. Notons seulement ce détail, — digne d'un Louis de Gonzague, — que, pendant les vacances, on vit le fils du contrôleur des finances occupé à panser les plaies d'un enfant infirme et abandonné. On sait encore que Claude Lepelletier avait pour ami intime et rival de charité un jeune homme pieux et dévoué comme lui, l'abbé de Flamenville. Flamenville aidait Sousy à soigner les petits malades; mais, il n'y apportait point comme son ami un cœur résolu,

(1) Cf. *Les Petits Savoyards*, par un de leurs amis, Ad. D. 2e édit., p. 28; et *Les Écoliers vertueux*, par l'abbé Carron.

« Cette œuvre de miséricorde, a-t-il raconté lui-même, me rebutait d'abord et révoltait la nature en moi. Je ne me croyais d'ailleurs nullement obligé à la pratiquer; mais enfin sa charité constante me reprochait ma lâcheté, et triompha de mes répugnances, au point que j'en vins à faire comme lui. »

Claude Lepelletier de Sousy, par ce zèle héroïque, se préparait à un sacrifice plus grand encore, et hâtait l'éternelle récompense qui ne tarda point. Il mourut à la fleur de l'âge; mais son apostolat lui survécut : « Sousy, en mourant, avait laissé son cœur et ses chers petits ramoneurs à un jeune ecclésiastique de ses amis, l'abbé de Flamenville qui s'en occupa toute sa vie (1) ». Nous ne savons rien autre chose sur l'abbé de Flamenville, dont toutes les notices font mention, sans se donner la peine de signaler ses pacifiques exploits, ni même les étapes et les dates de sa carrière. Ces trois mots « toute sa vie » valent un long panégyrique; mais ils nous renseignent peu. Flamenville a-t-il évangélisé les protégés du jeune Claude de Sousy jusqu'aux dernières années du dix-septième siècle, ou au delà ? Nous ne saurions répondre. Et après avoir salué les noms de ces jeunes gens, aimables ancêtres de notre jeunesse catholique, après avoir répandu sur leur douce mémoire ces quelques lignes trop

(1) Cf. *Les Petits Savoyards*, par un de leurs amis, Ad. D., 2e édit., p. 31, et *les Écoliers vertueux*, par l'abbé Carron.

pâles, il nous tarde d'arriver au plein épanouissement de l'*Œuvre des Ramoneurs*, et à l'époque que les chroniqueurs appellent hardiment « l'âge d'or » (1).

III

Car il y eut un âge d'or pour les ramoneurs de Paris. Il dura soixante ans, de 1732 à 1792 : juste durant tout le siècle de la *philosophie*, durant les sacrilèges triomphes de Voltaire. Voltaire a-t-il su quelque chose de cet âge d'or ? C'est plus que douteux : toujours est-il qu'il a connu l'existence des ramoneurs et leurs services, puisqu'il en a parlé — mais sans les nommer par leur nom, ce qui était alors le comble de l'art, et ce qui jetait en pâmoison les critiques ; témoin le bon Sabatier de Castres : M. de Voltaire, s'écrie-t-il, « n'a pas besoin d'employer le nom de *ramoneur*, quand il a dit :

(1) Dix après la mort du jeune Lepelletier de Sousy, il y eut un abbé de Flamenville élevé au siège épiscopal de la petite ville d'Elne, à trois lieues de Perpignan. Nous croyons qu'il s'agit de ce même prêtre dévoué à l'humble apostolat des ramoneurs. — Il s'appelait Jean Hervé Basan de Flamenville, fils de Henri Basan, marquis de Flamenville, en Normandie et d'Agnès de Molé. Étant vicaire général de l'évêque de Chartres, il fut nommé par le roi évêque d'Elne, à la fin de 1695. Il fut sacré le 12 février 1696, à Paris, en l'église de Saint-Sulpice, par Mgr de Noailles. Le 2 décembre suivant, il entra dans son modeste

J'estime plus ces honnêtes enfans
Qui de Savoye arrivent tous les ans,
Et dont la main légèrement essuie
Ces longs canaux engorgés par la suie (1).

Quelle habileté ! quel génie ! Parler des ramoneurs de cheminées, sans dire ni *cheminée*, ni *ramoneur !* Du moins, M. de Voltaire daigne-t-il avouer que ce sont d'honnêtes enfants ; en quoi il ne se trompe point ; mais la raison de leur honnêteté, il n'a garde de l'approfondir. Ils étaient honnêtes, parce qu'ils étaient chrétiens, chrétiens exemplaires, grâce surtout à deux admirables prêtres gentilshommes, l'abbé de Pontbriand, et l'abbé de Fénelon.

René-Marie-François du Breil de Pontbriand était né en Bretagne, au château de Pontbriand, diocèse de Saint-Malo, le 22 mai 1705. Il était fils du comte Joseph-Yves du Breil de Pontbriand et de Marie-Angélique-Sylvie de la Garaye, femme d'une vive piété et toute dévouée au service des pauvres. René avait perdu son père à l'âge de cinq ans. Il eut deux frères également dans les ordres. L'un d'eux partit pour les missions du Canada, fut sacré évêque de Québec en 1741, et mourut à Montréal, pendant le siège

diocèse, qu'il enrichit d'un Palais épiscopal. Mgr de Flamenville (Jean VII) mourut à Perpignan le 5 janvier 1721. (Extrait de la Notice de Mgr de Flamenville, au Catalogue des Evêques d'Elne, 1842.)

(1) *Les Trois Siècles de Littérature*, t. III, p. 344.

de cette ville, en 1760. L'autre, chanoine et grand-chantre de la cathédrale de Rennes, était orateur, grammairien, poète même, et fut couronné aux Jeux floraux, pour un *Poème sur l'abus de la Poésie*.

René-François eut une autre gloire. Destiné à la carrière des armes, il y renonça de bonne heure et se donna tout à Dieu. Vicaire général de Cahors, il fut abbé commendataire de Saint-Marien à Auxerre, et de Theuilley, au diocèse de Dijon (1); mais il employa utilement ses loisirs et ses rentes. Lui aussi, il se mêla d'écrire, et la liste de ses publications fait assez belle figure dans le *Répertoire bibliographique* de Bretagne, de M. Kerviler. Tandis que son frère le chanoine moissonnait les fleurs de Clémence Isaure, René-François créait une littérature toute pratique, toute neuve, en faveur des ramoneurs: de 1735 à 1743, il publia sur cet unique sujet quatre brochures, dont la première a pour titre :

Projet d'un établissement déjà commencé pour élever dans la piété les petits Savoyards qui sont dans Paris; avec l'avis important que les pauvres enfans des Provinces du Royaume y seront mieux reçus (2).

(1) Saint-Marien était une abbaye de Prémontrés; Theuilley, abbaye de Citeaux. (Cf. *Saint-Sernin-du-Bois et son dernier prieur J-B-A. de Salignac-Fénelon*, par l'abbé Sébille; 2e édit.; page 226. — Détails intéressants sur l'abbé de Pontbriand, avec une ou deux dates inexactes.

(2) Paris, Coignard, 1735. In-8. — Les trois autres bro-

Les autres principaux ouvrages de l'abbé de Pontbriand sont d'abord : un volume d'apologétique et de controverse : *l'Incrédule détrompé et le Chrétien affermi dans la foi par les preuves de la Religion exposée d'une manière sensible;* puis, pour seconder une dévotion chère aux fidèles de Paris, pendant les deux derniers siècles, il publia un gracieux manuel intitulé : *Pèlerinage du Calvaire sur le Mont Valérien*, orné de figures en taille-douce, et dédié à la pieuse reine Marie Leckzinska. Ce manuel parut en 1735, au moment où l'abbé de Pontbriand, âgé de trente ans, se donnait tout entier à l'apostolat des rues et cherchait pour ses pauvres petits clients des protecteurs et des ressources.

Il avait commencé en 1732 (1) ; pendant tout près de quarante ans, le digne prêtre continua ses démarches, ses courses, ses exhortations, ses aumônes, à travers les quartiers les plus désolés de Paris : ne se préoccupant guère de ses succès d'écrivain ; sauf peut-être quand il allait chez son libraire Coignard toucher les droits d'auteur,

chures ne sont en réalité que la suite et le développement de la première : 2° *Progrès du projet*, etc., 1737 ; — 3° *Suite du Progrès de l'Établissement pour l'instruction de tous les enfans et de tous les ouvriers des rues*, 1739 ; — 4° *Perfection de l'Établissement*, etc., 1743.

(1) Dans son beau livre de la *Congrégation*, M. Geoffroy de Grandmaison dit, page 198, que l'abbé de Pontbriand fonda son Œuvre des Savoyards en 1740. La date indique une époque plutôt que l'année elle-même.

dont ses noirs paroissiens bénéficiaient autant ou plus que lui. Quel dommage qu'il ne se soit pas donné le temps d'écrire ses *Mémoires*, ou du moins les souvenirs de son œuvre, que nous sommes obligés de glaner bribe par bribe dans les Dictionnaires biographiques, ou dans cette notice que lui consacra, en 1845, M. Octave Ducros de Sixt, avocat à la Cour de Paris et poète : notice oratoire, où l'auteur propose, en termes pompeux, l'abbé de Pontbriand à l'admiration reconnaissante des chrétiens de France et de Savoie ; aux compatriotes, dit-il, de saint Vincent de Paul, et de saint Bernard de Menthon. « Béni soit, écrit M. Ducros, l'humble prêtre dont la fraternité n'a jamais fait verser que des larmes de reconnaissance et dont l'œuvre obscure fit pour le bonheur de ses semblables plus que n'a pu faire encore l'orgueil des théories humanitaires ! »

La *fraternité* de l'abbé de Pontbriand s'était émue de l'ignorance et de l'indigence des ramoneurs ; il écrivit, il catéchisa, il se mit en quête de places plus lucratives pour ceux qui montraient d'autres aptitudes que celles du ramonage ; il exerça sur tous une surveillance amicale, mais active et vigoureuse : il tendit la main ; il s'associa des collaborateurs qui bientôt formèrent une brigade apostolique. En un mot, c'était l'homme d'œuvres, tel que nous le comprenons et que nous le voyons dans presque toutes nos villes. Il soignait avant tout les âmes ; puis il s'occupait du matériel, organisait un bureau de placement, pourvoyait à tous les besoins, et naturellement ne s'épargnait point lui-même (1) : *Omnibus omnia*, c'était sa devise ou son programme.

Sans y songer, l'abbé de Pontbriand a écrit lui-même, dans les grandes lignes, l'histoire de son œuvre, du moins pour les dix premières années. Les plus intéressants détails sur ses débuts se trouvent dans les brochures indiquées plus haut et dont la première a été copiée par le contemporain de l'œuvre et de l'abbé, le chroniqueur Piganiol de la Force. Au tome V de sa *Description de Paris* (édition de 1742), Piganiol a recueilli un bon nombre de faits concernant les ramoneurs, leur vie, leurs habitudes, l'organisation de leur travail; or, presque tout ce chapitre est une simple transcription du *Projet* de l'abbé de Pontbriand, paru quelques années avant la *Description*. Mais Piganiol ne nomme point l'abbé et ne cite nulle part la brochure. D'où vient ce silence, contre lequel on ne voit pas que M. de Pontbriand ait réclamé? Sans doute est-ce discrétion par égard pour l'auteur vivant et travaillant au milieu de Paris : on n'avait pas alors le goût de la réclame pour les bonnes œuvres, comme la mode en est éclose et comme le besoin s'en est développé chez nous.

C'est dans les gros volumes de Piganiol, le

(1) Voir *Biographie universelle* de Michaud, t. XXXV : *Pontbriand*.

Maxime du Camp de l'autre siècle, que les curieux peuvent trouver plus aisément la substance des opuscules de l'abbé apôtre des Ramoneurs; et par suite tout ce qui a été écrit de plus véridique sur les *honnêtes enfants* de Savoie, dont M. de Voltaire préférait la besogne à celle... des confesseurs.

Voici la première page du récit de Piganiol de la Force et qui est tout entière de lui :

Dans cette rue (Saint-Étienne-des-Grès), entre l'Église de Saint-Étienne-des-Grès, et le Collège de Lisieux, est une inscription, qui par sa singularité frappe tous ceux qui la lisent :

ÉCOLE POUR LES SAVOYARDS

Cette inscription et les circonstances qui ont donné lieu à cette École prouvent, ce que j'ai dit ailleurs, que la charité est si ingénieuse, qu'il n'y a rien dont, avec le temps, elle ne s'avise.

Il y a dans Paris un petit peuple de *Savoyards* que la misère arrache dès leurs plus tendres années du sein de leur famille, et de leur Patrie, et les contraint à venir à Paris pour y chercher à vivre. Ils sont répandus dans cette grande Ville, et rendent au public les services les plus vils. Jusqu'ici ce petit peuple avait été un troupeau abandonné qui passait sa vie sans Religion. (P. 174.)

Cette dernière remarque et d'autres semblables ne sont vraies que d'une façon générale ; nous avons vu qu'au moins une portion de ce troupeau avait excité le zèle de plus d'un pasteur. Mais probablement il s'agit surtout de 1732 et des premiers travaux de l'abbé de Pontbriand, que Piganiol de la Force désigne par ces seuls mots : « Un ecclésiastique ». Cet ecclésiastique découvrit dans le grand désert de Paris la tribu passablement nombreuse des Savoyards; la chose arriva comme par hasard :

Un d'entre eux, déjà avancé en âge, lui ayant rendu son service ordinaire, il s'avisa de l'interroger sur la Religion et l'ayant trouvé dans une ignorance, presque totale, il résolut de travailler à leur instruction. Il communiqua son dessein à d'autres Ecclésiastiques qui non seulement l'approuvèrent, mais même s'offrirent de partager avec lui les peines de l'exécution. Ils proposèrent leur dessein à feu *M. de Valière*, Curé de Saint-Benoît, qui leur donna dans sa Paroisse un lieu propre à faire leurs Instructions. (*Ibid.*).

Mais comment avertir les intéressés et les engager dans cette nouvelle voie? Où les rencontrer dans ces « Faubourgs » et ruelles enchevêtrées du vieux Paris? Quel moyen prendre pour réunir ces milliers d'hommes et d'enfants n'ayant selon toute apparence de lien commun que le patois de leurs montagnes? Quand on parle des Savoyards et ramoneurs, on songe naturellement à celui de l'élégie, qui débouche seul dans Paris, et s'en va, par le vent et la neige, coucher dans une guérite ou sous un pont. Ce n'était pas du tout le cas des fils de la Savoie, aux premières années de Louis XV. Ils vivaient, eux aussi, selon la coutume de ces temps-là, en Corporation; grâce à quoi, l'homme de métier, même le plus chétif, n'était jamais un être isolé et luttant seul pour la vie. Sur leurs installations, leurs domiciles et leurs communautés, leurs façons de s'entre-soutenir, il faut entendre l'historien de Paris, bien renseigné par l'abbé de Pontbriand lui-même :

... Il ne fut plus question que d'aller de rue en rue annoncer aux Savoyards les instructions salutaires que la Providence leur offroit. Les Ecclésiastiques qui firent ces premières visites ne purent s'empêcher d'admirer le bon ordre et la fidélité qui règnent parmi ces pauvres malheureux. Ils logent dans des Faubourgs. Ceux de l'Évêché de Genève, dont est le plus grand nombre, logent dans le faubourg Saint-Marceau, ceux de Saint-Jean-de-Maurienne, dans le faubourg Saint-Laurent ; et ceux de l'Évêché de Moutier-en-Tarantaise, dans le Marais. Ils sont distribués par Chambrées dont chacune est composée de huit ou dix, et est conduite par un Chef, ou vieux Savoyard, qui est l'économe et le tuteur de ces jeunes enfans, jusqu'à ce qu'ils soient en âge de se gouverner par eux-mêmes. Chaque Savoyard a sa place marquée dans Paris, où il se rend le matin pour servir le Public. Ils ne rentrent que le soir assez tard, et chacun apporte son petit gain qu'il met dans une petite boëte commune qu'ils nomment *lire-lire*. La boëte n'est ouverte que lorsqu'il y a une somme assez considérable pour en faire usage suivant le conseil du Chef de la Chambrée.

Ce fut à ces Chefs de Chambrées que nos nouveaux Missionnaires s'adressèrent. Ceux-ci, après leur avoir témoigné beaucoup de reconnoissance de leur charité, leur promirent d'envoyer leurs enfans aux Catéchismes qu'ils doivent faire le Jeudi et le Dimanche de chaque Semaine à cinq heures du soir, pendant l'Hyver, et à sept heures du soir pendant l'Esté. (P. 176-178.)

Les premières réunions eurent lieu sur la paroisse de Saint-Benoît, dont le curé, M. de Valière, avait si bien accueilli l'abbé de Pontbriand et ses compagnons. Mais les Savoyards habitaient comme on vient de voir, des deux côtés de la rivière, aux quatre coins de la ville; et c'était un dur voyage, après une journée de fatigue, que de gravir les ruelles de la Montagne Sainte-Geneviève. Aussi, bientôt, créa-t-on de nouveaux centres pour les catéchismes du soir; outre celui de Saint-Benoît, « on en établit un à *Saint-Méry* pour les Savoyards du Marais; un au *Séminaire des Missions Etrangères* pour ceux du faubourg Saint-Germain; un à *Saint-Sauveur* pour ceux du faubourg Saint-Laurent, de la place des Victoires et de la Porte-Saint-Martin ». (P. 177.)

Les Savoyards étaient chrétiens de naissance et d'éducation; au premier appel, ils accoururent avec joie et en foule aux églises désignées; leur piété, simple et franche, répondit aux vœux de l'abbé de Pontbriand; elle dépassa même son espérance. Il fut surtout grandement consolé de voir l'entrain pieux des enfants s'emparer des patrons qui, résolus à donner l'exemple aux petits dont ils étaient les tuteurs, demandèrent avec instance qu'on voulût bien leur donner deux retraites par an, une à la Toussaint, l'autre à Pâques.

La retraite, c'est la vie chrétienne coulant à flots dans les âmes; M. de Pontbriand bénit Dieu de l'inspiration qu'il avait envoyée à ces braves gens; et, après la première retraite, qui dura six jours, en 1735, il en constatait en ces termes les heureux fruits :

... La Retraite a commencé le Mercredi Saint et fini le Mardi de Pâques ; nous avions plus de cent de ces vieux Savoyards qui l'ont faite exactement, qui nous ont remplis de consolation. Un de nos Messieurs qui avait la bonté de leur faire de familières conférences sur les devoirs, en confessa lui seul plus de soixante. (*Projet d'un établissement*, etc.)

Aux conférences et aux sermons l'abbé de Pontbriand joignit, pour achever de gagner les cœurs, l'aumône en nature. On promit de faire habiller de neuf les quatre petits Savoyards de chaque catéchisme qui auraient montré plus d'assiduité aux réunions; et, raconte Piganiol de la Force, « dès le 14 avril 1735, il y eut seize enfants habillés de neuf et près de cent cinquante à qui on distribua des prix. Comme c'est dans le Collège de Lisieux que le dessein de cette instruction a été conçu, c'est aussi dans la Chapelle de ce Collège que se fit pour lors la distribution générale des prix. Toutes ces dépenses, qui ont été beaucoup augmentées depuis, ne roulent que sur la charité des gens de bien.» (*L. cit.*, pp. 176-178.)

L'abbé de Pontbriand ajoute deux ou trois détails qu'il est bon de recueillir ; il y avait plus de quatre cents petits Savoyards réunis pour cette cérémonie, véritable inauguration de l'Œuvre. « M. le curé de Saint-Benoît fit l'exhortation, et M. l'abbé de Sales, de la famille du saint Evêque de Genève et digne héritier de ses vertus, donna la bénédiction du Très Saint-Sacrement. » (*Projet*, etc.)

La charité des gens de bien était alors, comme maintenant, inépuisable; plus ils ont donné, plus ils donnent. L'abbé de Pontbriand, eut tôt fait de s'en apercevoir; car, « dès les premiers jours, dit-il, une personne pieuse assura à perpétuité aux catéchismes des Missions étrangères une rente de trente-six livres pour des récompenses ». Mais alors, ses petits clients, évangélisés, habillés de neuf, récompensés et encouragés au mieux de tant de manières, furent mis en goût de lui demander davantage. Les ramoneurs voulurent devenir savants; assez du moins pour lire — non les gazettes qui les intéressaient peu, — mais les bons livres qui apprennent à bien vivre, les *Vies* de Saints, et avant tout les offices des dimanches et fêtes dans le Paroissien ; assez aussi pour entretenir un brin de correspondance avec le pays de Savoie, sans avoir recours au ministère coûteux de l'écrivain public. Voisins de la Sorbonne et des Collèges de la Montagne, les Savoyards s'enhardirent à ce beau rêve : ils auraient leur école, ils sauraient quelque chose, comme tout le monde à Paris. Pouvait-on leur refuser une si juste requête ? Ni l'abbé de Pontbriand, ni la charité des gens de bien ne refusa. Ecoutons là-dessus Piganiol de la Force :

... Le Catéchisme de saint Benoît demandoit depuis long-tems aux pieux Ecclésiastiques qui le dirigent un Maître pour leur apprendre à lire et à écrire. Quoique cet établissement augmentât considérablement la dépense, ces Messieurs pleins de confiance dans la Providence, établirent cette *Ecole de charité* dans la rue de saint Etienne des Grès, et c'est elle qui donne lieu à cet article. Elle se tient tous les jours, matin et soir, depuis six heures jusqu'à huit. (P. 178.)

Ainsi, les petits Savoyards étaient des privilégiés. On s'occupait de leur âme et de leur corps ; ils avaient des prêtres pour leur apprendre le chemin du ciel, des maîtres pour éclairer leur intelligence; ces étrangers n'étaient plus des exilés; l'Eglise leur avait fait une patrie dans la capitale de la France, dont leur pauvreté les avait faits les serviteurs. Mais, de plusieurs provinces de France, on venait tout ainsi que de Savoie chercher fortune à Paris, dans ces métiers, aussi peu brillants que peu lucratifs, dont Piganiol de la Force dresse comme il suit la nomenclature :

... Les Savoyards sont décroteurs, froteurs et scieurs de bois ; les Auvergnats sont presque tous porteurs d'eau ; les Limousins maçons ; les Lyonnois sont ordinairement crocheteurs, et porteurs de Chaises ; les Normands tailleurs de pierre, paveurs, et Marchands de fil. (P. 178.)

Après les ramoneurs et les vieux Savoyards, chez qui l'abbé de Pontbriand et ses missionnaires avaient opéré leurs pieuses merveilles, il fallut songer aux autres bataillons de petits artisans nomades. « Des personnes respectables, dit encore le chroniqueur qui nous sert de guide, ayant représenté qu'outre les Savoyards, il y avoit dans Paris plusieurs enfans de différentes provinces du Royaume, dont la misère n'étoit pas moins grande, ni le salut moins négligé, nos zélés Missionnaires ne purent refuser à ces enfans des secours qu'ils donnoient à des étrangers, et firent sçavoir dans toutes les Paroisses de Paris qu'à l'avenir ils réuniroient dans leurs instructions tous ceux qui sont réduits, comme les Savoyards, à gagner leur vie. Cette réunion rendit les Savoyards plus nombreux, et les Retraites aussi, et donna lieu d'établir un cinquième Catéchisme dans la paroisse de la *Madeleine*, au faubourg Saint-Honoré. Nos Missionnaires coururent aussi-tôt dans les endroits où se retiroient les Auvergnats, les Limousins, les Lyonnois, et les Normands, dont tous les chefs les reçurent avec beaucoup de reconnoissance, et leur promirent non seulement d'envoyer leurs enfans aux catéchismes et aux Retraites, mais aussi d'y venir eux-mêmes pour profiter de leurs instructions. »

En vérité, c'était plaisir alors d'aller au peuple; la seule vue du prêtre lui rappelait ses devoirs et lui inspirait confiance. La démarche de M. de Pontbriand et de ses amis, qui coururent annoncer de rue en rue la bonne nouvelle, fut accueillie avec des élans de joie par les petits Auvergnats et Normands à qui l'on faisait un tel honneur. Mais cet enthousiasme réveilla le démon de la jalousie ; il s'ensuivit grand émoi dans le clan des ramoneurs et autres petits industriels. La tempête souffla sur ces jeunes têtes de montagnards ; si bien que l'on eut un moment à craindre une révolution et des ruines.

Laissons la parole à l'abbé de Pontbriand, en sa seconde brochure, datée de 1737 : « Les Savoyards, dont le nombre étoit beaucoup plus grand, accoutumés à être seuls dans nos Catéchismes, y virent avec peine arriver les Auvergnats et les Normands. » Cet âge est sans condescendance, comme il est sans pitié. Il y eut tapage et désordre; on en vint même à des batailles rangées, qui se livrèrent presque sous les porches des églises; batailles où Normands et Auvergnats, n'étant pas en force, furent vaincus; la honte les prit et ils disparurent devant les régiments noirs de Savoie. Déplorable victoire qui affligea vivement les prêtres catéchistes; ils employèrent l'éloquence, la persuasion et la douceur; rien n'y fit, et en fin de compte, il fallut recourir aux chefs de Chambrées, qui employèrent d'autres moyens plus énergiques et partant plus efficaces sur des natures incultes. Chez les révoltés, la crainte devint le commencement de la sagesse; le temps, la bonté des missionnaires, puis des récompenses accordées aux plus raisonnables, achevèrent de calmer ces émeutes enfantines et achevèrent de cimenter la paix entre la France et l'Italie. — « Tout fut tranquille, écrit M. de Pontbriand; et nous eûmes le plaisir de voir une union parfaite régner entre les enfans qui jusqu'alors avoient eu les uns contre les autres une antipathie des plus fortes. » (*Progrès du Projet*, etc.)

A quelque temps de là, les apôtres de ce petit peuple eurent une autre consolation : celle de voir toutes ces Nations du travail rassemblées au pied de l'autel pour une solennité qui devait encore rapprocher les cœurs. La confirmation fut donnée, en 1737, à plus d'une centaine de vieux ouvriers, Savoyards, Normands et Auvergnats, qui demandèrent ce sacrement qu'ils n'avaient pas eu l'occasion de recevoir ; il leur fut conféré, ainsi qu'à 300 enfants, par Mgr l'évêque d'Aire, dans la chapelle du Collège de Lisieux. Deux ans plus tard, on compta, pour une semblable cérémonie, jusqu'à 800 confirmants ; et cela fit du bruit à Paris.

Les retraites, à partir de cette époque, réunirent dans une complète entente et fraternité, non seulement les vieux Savoyards, mais les autres artisans d'Auvergne, de Normandie du Limousin et de Lyon : maçons, porteurs d'eau, crocheteurs, tailleurs de pierre... Comme pour les enfants, on allait jusque dans les Faubourgs les inviter à ces retraites ; et voici comment l'abbé de Pontbriand résume les discours qu'il tenait aux Limousins, que leur métier exposait plus que d'autres aux accidents de travail ; cette homélie ne pourrait-elle pas, après cent cinquante ans, être répétée mot pour mot à ces braves Limousins, qui viennent toujours comme leurs ancêtres bâtir des maisons à Paris, mais qui ne semblent guère se soucier de leur âme, pas plus que des dimanches et fêtes de l'Église ?

Nous leur mîmes devant les yeux les dangers auxquels ils sont journellement exposés dans leur travail ; nous leur rappelâmes les funestes accidents dont ils avoient été souvent les témoins, la mort précipitée de leurs camarades qui, tombant du haut des maisons, le corps tout brisé, n'avoient pas le moment de se reconnoître. Nous leur dîmes que ce malheur pouvoit leur arriver; que, dans cette crainte, ils devoient à leur conscience d'être toûjours prêts à paroître devant Dieu.

Ils furent touchés de nos réflexions. (*Progrès*, etc.)

La retraite qui suivit — c'était, si je ne me trompe, en 1736 — réunit près de 1,400 ouvriers originaires de ces cinq ou six provinces du royaume; en 1737, il y en eut plus de 2,000; et plus de 3,000, en 1739.

Enfin, pour activer le zèle des petits néophytes, ou pour l'empêcher de se refroidir, on créa des bandes d'enfants *visiteurs*, avec mission d'aller dans les différents quartiers de la ville avertir leurs jeunes camarades des jours et des heures de réunion; leur fonction était également de recruter des *nouveaux*, qui, naturellement timides, n'osaient se présenter tout seuls. Les visiteurs portaient comme marque distinctive une croix qui s'étalait au grand jour sur leur pauvre veste. C'était un honneur qui rehaussait grandement leur charge de confiance et qui leur assurait le respect de leurs compagnons; mais, s'ils avaient négligé leur ronde dans les rues, on leur enlevait, devant tout le monde, la croix qu'ils ne méritaient plus de porter — hâtons-nous de dire que le cas nous paraît avoir été assez rare; une fois seulement, de temps à autre, pour servir d'exemple et pour tenir ce petit monde en haleine.

L'*Œuvre des Ramoneurs* avait donné le branle; mais avec quelle rapidité elle s'était étendue! L'abbé de Pontbriand en était lui-même émerveillé, lorsqu'il écrivait en 1735, au bout de trois ans seulement d'apostolat : — « Ce ne sont plus 8 ou 10 abandonnés que nous nous chargeons d'instruire; nous en avons actuellement plus de 400; et nous sommes une vingtaine d'ecclésiastiques dévoués à cette bonne œuvre. » En peu de temps, le chiffre de 400 avait décuplé; et la bonne œuvre de l'abbé de Pontbriand compta quatre et cinq mille adhérents. Ainsi, au milieu de ce dix-huitième siècle, où s'amoncelaient tant de ruines, dans ce Paris d'où l'impiété des *philosophes* ébranlait avec autant d'audace que de haine les autels de Jésus-Christ, il était toute une population chrétienne et fervente dans les dernières couches de la société — bien au-dessous de la bourgeoisie et presque du peuple — et des milliers de pauvres gens, tout en gagnant péniblement leur vie, avaient reconquis cette foi pratique qui enseigne le courage, qui maintient tout homme à son rang, calme les ambitions démesurées, et ouvre à chacun les lumineuses espérances de l'au-delà, en leur donnant dès ici-bas les saintes joies de l'Eglise, la seule et la vraie Maison du peuple. — « Qui l'eût dit, écrivait encore l'abbé de Pontbriand, cinq ans après sa première rencontre avec un ramoneur, qui l'eût dit dans le commencement, quand nous trouvâmes pour la première fois un pauvre enfant de la Savoie sans instruction, qu'il dût être l'occasion du salut d'un peuple entier !... » (*Progrès du Projet*, etc.)

Pour subvenir à ces *missions* de Paris, l'abbé-gentilhomme se faisait quêteur ; il mendiait, suivant la coutume des saints qui ont fait de grandes choses. Il sollicitait, là, un appui moral et un encouragement ; là, une aumône. Du reste, le plus généreux accueil lui était réservé chez les personnages de l'Etat et de la Ville. Non seulement l'archevêque, Mgr de Vintimille du Luc — l'ennemi des Jansénistes, qui fit fermer le cimetière de Saint-Médard, théâtre des *convulsionnaires* — était le protecteur attitré des ramoneurs; mais, disait en 1737 l'abbé de Pontbriand, « nous avons même le plaisir de voir approuver nos travaux par les Ministres et les premiers Magistrats qui, à l'exemple d'un Roi et d'une Reine remplis de piété, se font un devoir d'assurer par leur protection le fruit des bonnes Œuvres. » (*Progrès du projet*, etc.)

Il avait su, en particulier, intéresser à ses chers petits *noirs* la reine Marie Leckzinska, cette sainte *aumônière* de France qui, dans ses visites aux églises et aux couvents, était toujours accompagnée d'une escorte de pauvres, escorte que les gardes avaient ordre de laisser approcher, et qu'on appelait communément le *Régiment de la Reine*. Les Savoyards devinrent une compagnie de ce régiment ; si j'ose dire, une compagnie d'élite. « La Reine, raconte son historien Proyart, contribuait encore, avec une libéralité vraiment royale, à l'instruction chrétienne des Enfans des pauvres, errans dans la capitale sous le nom de *Savoyards ;* secondée dans cette bonne œuvre par le zèle intelligent de l'abbé de Pontbriand (1). » Un jour — c'était en 1739 — que l'abbé lui faisait visite, et lui parlait éloquemment de ses ramoneurs, la reine profita d'une si belle occasion pour donner une leçon de charité au Dauphin, alors âgé de dix ans.

« Mon Fils, lui dit-elle, savez-vous ce que je viens d'apprendre ? C'est qu'il y a dans Paris des milliers de petits malheureux enfans de votre âge, errans, sans domicile, couverts de haillons, manquant souvent de pain, et toujours d'instruction. Le récit qu'on m'a fait de leur situation m'afflige sensiblement sur leur sort ; aussi ai-je résolu de remettre à M. l'abbé de Pontbriand, que voici, tout l'argent dont je puis disposer, pour leur procurer au moins les moyens de s'instruire de leur Catéchisme, et de faire avec fruit leur première Communion.

— Ah ! maman, s'écrie le jeune prince, les larmes aux yeux, s'ils sont si malheureux, je veux leur donner aussi tout ce qu'il y a dans ma cassette. »

L'offre fut acceptée ; et l'ecclésiastique qui sollici-

(1) *Vie de Marie Leckzinska*, princesse de Pologne, reine de France, 1819, p. 274.

toit pour la bonne œuvre, joignit l'aumône du fils à celle de la mère (1).

L'abbé de Pontbriand s'adressa plus haut encore. Ce qu'il voulait avant tout, c'était d'arracher les âmes du peuple à la pauvreté de l'ignorance et à la misère du vice. Or, les œuvres chrétiennes n'ont de vie et d'avenir que par les sacrements et la grâce de Dieu ; le missionnaire des Savoyards se tourna vers la source divine qui jaillit à Rome ; et par l'entremise de son archevêque, il sollicita du pape une indulgence particulière pour sa grande paroisse flottante. Clément XII écouta favorablement cette requête assez nouvelle; et par rescrit du 19 décembre 1736, il octroya une Indulgence plénière à gagner, pendant sept ans, pour les petits ouvriers des rues de Paris. Voici le document Pontifical, qui fut promulgué par Mgr de Vintimille du Luc, le 14 avril 1737 :

CLÉMENT XII, PAPE

Notre Vénérable Frère Charles-Gaspard Guillaume, Archevêque de Paris, Nous ayant fait exposer que plusieurs Clercs s'appliquaient avec soin dans différents quartiers de la Ville de Paris à instruire chrétiennement et à former aux bonnes mœurs les pauvres enfants répandus dans les rues;

Nous leur ouvrons les trésors de l'Eglise, Nous

(1) Proyart, *ibid.*, p. 197.

confiant en la miséricorde de Dieu Tout Puissant; et fondés sur l'autorité de ses BB. Apôtres Saint Pierre et Saint Paul, Nous accordons à tous et chacun, tant prêtres que clercs, à ces enfants et à ces ouvriers Indulgence plénière et rémission de leurs péchés ; laquelle ils pourront gagner deux fois chaque année; à condition que pendant ce temps-là, véritablement repentants de leurs fautes, ils se soient confessés et aient communié et qu'ils aient eu soin d'offrir à Dieu leurs prières pour l'union des Princes chrétiens.

Voulant d'ailleurs que les présentes ne soient valables que pour sept années ; et les déclarons nulles, si l'on a reçu le moindre salaire ou accepté ce qu'on présenterait de plein gré pour leur expédition, présentation et publication.

Donné à Sainte Marie Majeure, sous l'anneau du Pêcheur, ce 19 décembre 1736; septième de Notre Pontificat.

Bénie par le Vicaire de Jésus-Christ, et dirigée avec autant de sagesse que de vigueur, l'Œuvre prospéra de plus en plus. Nous avons déjà fourni des chiffres. Avant 1740, elle ne réunissait pas moins de cinq mille artisans, petits ou grands; et avait pris une telle importance, qu'en 1739, l'intelligent directeur fit graver, à l'usage de son état-major, une carte de Paris, indiquant pour chaque quartier les *Places et demeures des ouvriers de Paris, pour qui on fait des instructions depuis quelques années*. Cette carte vraiment curieuse fut publiée par J.-B. Coignard, et l'on en trouve encore quelques rares exemplaires, dont l'un à la Bibliothèque de l'Arsenal. On y voit les places où, pendant le jour, les Savoyards stationnaient en attendant la pratique : par exemple, à la Fontaine Saint-Benoît ; sur le Pont du Petit-Châtelet ; aux deux grandes portes de l'Hôtel de Soubise ; au Cimetière Saint-Jean etc. ; puis les divers logements où ils se retiraient pour la nuit dans leurs chambrées.

Par malheur, nous n'avons pu recueillir sur l'abbé de Pontbriand, ses dernières années, sa sainte mort, d'autres renseignements qui nous présenteraient le type achevé de l'homme d'œuvres au temps passé. Sa vie entière fut celle de l'œuvre ouvrière à laquelle il s'était dévoué presque au lendemain de son sacerdoce. Il mourut en 1771, « laissant, comme dit M. Octave Ducros de Sixt, son œuvre en pleine voie de prospérité, et emportant au tombeau le nom de ce pauvre peuple auquel il s'était attaché si étroitement et avec lequel il s'était comme identifié ».

Son héritier et continuateur fut l'abbé de Fénelon, avec lequel aussi l'œuvre s'identifia, vécut et se développa durant une quinzaine d'années — jusqu'à l'orgie sanglante de 1793.

IV

J.-B.-A. de Salignac de Fénelon était né en Périgord, au château de la Poncie, paroisse de Saint-Jean-d'Estissac, en 1714, quelques mois avant la mort de son illustre parent l'Archevêque de Cambrai. Il fut, en 1744, aumônier de Marie Leckzinska, mais il ne resta que peu d'années au service de la pieuse reine; il s'éloigna de la Cour et se retira au prieuré de Saint-Sernin-du-Bois, dont il avait été pourvu en 1745. Dans ce coin de pays sauvage et pauvre, à trois lieues d'Autun, l'abbé grand seigneur avait, par son activité prévoyante et toute charitable, résolu, *avant la lettre*, ce que nous nommerions le problème social, le problème agricole, même le problème industriel et plusieurs autres.

Le nouveau prieur de Saint-Sernin avait commencé par « annuler son terrier » et donné, de ce chef, la liberté à ses vassaux; puis il avait généreusement encouragé l'agriculture (1); il

(1) Au dos d'une lettre manuscrite, dont nous indiquerons tout à l'heure la provenance, figure un cachet allégorique, où éclatent les goûts champêtres du prieur de Saint-Sernin. La lettre est datée du 9 février 1769. Le cachet, de cire rouge, admirablement conservé, représente une campagne où se dessine très nettement à droite un champ de blé. A gauche, on voit une femme assise et qui tient une gerbe; c'est, selon toute apparence, la déesse de l'agri-

avait établi des forges, pour faciliter le débit du charbon que l'on extrayait des mines ; il avait enfin, pendant une disette, occupé les femmes, les vieillards, les enfants, à construire une grand'-route de Saint-Sernin à Couches, où se tenait un gros marché et où ses gens allaient vendre leurs denrées. L'abbé de Fénelon, protecteur des humbles ; aidant de son argent, de ses conseils, de son exemple, les pauvres laboureurs de Saint-Sernin ; puis devenu *maître de forges* dans les obscures vallées d'où le Creusot allait surgir, vingt ans plus tard ; ce prêtre grand seigneur traitant d'affaires avec ses contremaîtres, ouvriers, mineurs, charbonniers et autres serviteurs de son usine de Mesvrin, de son fourneau de Bouvier, n'est-ce pas tout ensemble un admirable modèle de nos grands agriculteurs de France, un très digne ancêtre des plus illustres représentants de notre industrie ?

Avec autant de soin et de zèle, le Prieur s'occupait du bien spirituel de son peuple. Il lui faisait donner la mission ; il organisait l'école pour garçons et filles ; il fondait un hôpital desservi par des religieuses ; il semait l'aumône et l'exemple de sa foi ; trente ans, il fut en vérité l'*homme de Dieu*, la providence visible, pour ces

culture. Au-dessus, on lit cette devise : *Ampla seges oritur.* — C'est une image de ce qui se passait aux alentours du Prieuré, grâce aux améliorations introduites dans le pays par l'abbé de Fénelon.

populations alors inconnues; mais plus heureuses, grâce à lui, que les habitants de Salente, rêvés par l'auteur de *Télémaque*. Aussi bien, après l'avoir vu à l'œuvre, un contemporain écrivait-il : « Si tous se conduisaient comme M. de Fénelon à Saint-Sernin-du-Bois, qui est le père, plutôt que le supérieur de ses vassaux, on n'envierait point les richesses du clergé (1). »

Un neveu de Fénelon qui — ne l'oublions point — entreprit la publication complète des *Œuvres* de son grand-oncle (2), devait nécessairement avoir quelque goût pour la littérature, et surtout écrire, comme il la parlait, cette langue alerte et polie de la société où il vivait. Nous en avons quelques preuves dans une correspondance

(1) Consulter : *Saint-Sernin-du-Bois et son dernier prieur J.-B.-Augustin de Salignac-Fénelon*, par M. l'abbé Sebille; un vol. in-8°, 2e édition, chez Gervais. (1882) — Ouvrage excellent, fourni des plus curieux documents ; notamment sur *L'abbé de Fénelon maître de forges*. Nous y avons puisé quelques détails, que l'on ne trouve que là ; et nous renvoyons à ce livre de M. Sebille les lecteurs désireux de connaître les œuvres agricoles et industrielles de ce prêtre-gentilhomme, à la veille de la Révolution, qui allait tout détruire, les œuvres, les hommes dévoués au peuple, et la reconnaissance.

(2) Il rechercha, dans cette vue, tous les manuscrits, encore existants, de l'illustre Archevêque. Le clergé de France, en 1782, alloua une somme de 40,000 livres à l'abbé Galland, qui devait s'occuper de ce travail, dont le soin fut définitivement confié au P. de Querbœuf, ancien Jésuite. Le P. de Querbœuf en publia neuf volumes, mais la Révolution l'interrompit, en 1792. L'abbé de Fénelon avait signé l'*Epître au Roi*, qui se trouve en tête de l'ouvrage.

inédite qu'une bonne fortune nous a mise sous les yeux, au moment où nous achevions ce travail (1). Nous avions même espéré tout d'abord trouver dans ces lettres, adressées à un homme d'esprit, quelques échos lointains de la fameuse *Lettre à l'Académie ;* d'autant que l'annonce imprimée du vendeur d'autographes portait cette mention : *Spirituelles lettres sur la littérature et le théâtre.* L'enseigne était trop belle. De théâtre, ou d'art dramatique, dans ces huit lettres, pas une phrase, pas un mot ; quant à la littérature, on y rencontre à peine une allusion, et encore, enveloppée d'une brume qu'il nous est malaisé d'éclaircir. M. de Fénelon, dans la lettre du 29 décembre 1768, parle de « jolis vers », rimés par son beau-frère ; mais on croirait comprendre, aux métaphores de l'abbé-agriculteur, que le beau-frère avait récolté autre chose que des compliments : « Vous n'ignorez pas, écrit l'abbé de Fénelon, le goût qu'a ce cher homme pour les Roses ; que l'épine y est adhérente, et quoique grand cultivateur et se donnant pour jardinier ainsi que connoisseur dans tous les arts, il peut

(1) Nous devons cette trouvaille aux actives et heureuses recherches de notre confrère le P. H. Chérot. — Cette collection comprend huit lettres autographes, dont cinq signées, écrites en 1768-1769. Une de ces lettres porte le cachet aux armes de l'abbé de Fénelon ; l'autre, le cachet allégorique dont nous avons donné plus haut la description. L'écriture est ferme ; l'orthographe est émaillée des fantaisies qu'on s'accordait en ce temps-là.

lui être arrivé de n'avoir ceuilli (*sic*) que l'épine. »

Voilà toute la littérature de ces épîtres, qui trahissent la rapidité de l'épistolier : « Je remets, dit-il, le 12 août 1768, à un autre courrier à vous entretenir avec plus d'ordre que je ne le fais aujourd'hui, étant pressé de Besogne. »

Toutes ces lettres, sauf une datée de Morfontaine, ont été écrites, soit à Paris, soit à Versailles et portent cette suscription : *A Monsieur Quetant au Chateau d'Achere par Souri, route d'Orleans.* Achère était le château où habitait une sœur de l'abbé de Fénelon ; et dans cette correspondance hâtive, il n'est guère question que des nouvelles intimes de la famille et des amis. Ainsi, M. de Fénelon s'exprime en ces termes consolants, au sujet d'un sien neveu, pour qui le travail offrait aussi plus d'épines que de roses : « Soyes convaincu, M. Quetant, que le fond et l'étoffe étant ches lui, j'espere sans trop me flater qu'il sentira la necessité qu'il y a de s'occuper et de se rendre digne du nom qu'il porte. » (Lettre de 12 août 1768.)

Une autre fois, il appuie sur certaines remontrances que le digne prêtre avait faites à une personne amie ; et l'étincelle d'esprit jaillit sans effort sous la plume qui trotte, comme le veut madame de Sévigné, la bride sur le cou :

Versailles, ce 9 janvier (1769).

... Il me paroit, Monsieur, que le petit mot d'édification a fait fortune ; mais a-t-il fait du fruit ? Je crains bien d'avoir le même sort que nos habiles predicateurs d'aujourd'huy. Ce n'est pas cependant que je veuille me comparer à eux; mais vous sçavez qu'ils enchantent les oreilles sans toucher le cœür, et j'ose croire, sans crainte de me tromper, que la personne à qui je l'ai adressé est encor bien éloignée de sa conversion...

Ailleurs, le ton change un peu, bien qu'il soit toujours grave. Le 16 février 1769, en réponse au récit plaisant de je ne sais quelle aventure arrivée à un oiseau de basse-cour, le bon abbé moralise, comme il suit, à propos de « l'histoire de ce pauvre dindon ». — « Combien ne voyons-nous pas de creatures icy bas aussi simples que cet animal, qui a la vérité ne se prennent pas par la pate, mais qu'un rien arrete, fixés ensuite par un je ne sçais quoy (ils) sont aussi immobiles que s'ils etoient pendus. » Puis il ajoute, assez gaiement, qu'on a souvent en ce monde un penchant trop naturel à se divertir des ridicules de son prochain : « Encor, dit-il, si on pouvoit venir about de les corriger ! »

La plus intéressante, peut-être, de ces lettres est celle du 28 mars 1769, où l'abbé s'afflige des excès de zèle de sa sœur qui, sans doute comme le frère lui-même, se livrait aux œuvres de charité; par exemple à la visite des indigents. Mais elle se fatigue trop : l'abbé se plaint, et avec une pointe de malice, rejette la faute — si faute il y a — sur le directeur de l'excellente châtelaine, lequel est, dit-il, « un pauvre homme ». Citons un passage, où se révèle la foi du prêtre et le cœur du frère :

... Aussi quel (*sic*) fureur a-t-elle d'aller courir comme elle le fait ? Croit-elle que cela lui procurera une meilleure place dans le ciel? Elle se trompe; cela ne fera qu'abréger ses jours. Vous me dires que dans la position ou elle se trouve depuis plusieurs années, et à la vie agreable qu'on luy fait mener elle doit desirer de sortir de ce monde; car pour les agremens qu'elle y goute, c'est comme si elle n'y étoit pas. Mais elle doit considerer qu'avec son zele et son activité pour tout ce qui a raport a son salut, elle fait tout ce qu'il faut pour abreger des jours trop pretieux a ses enfants et a un frère qui a pour elle l'attachement le plus tendre.

Au surplus, il avoue en finissant que lui-même ne néglige point ce qui a rapport à son salut et que, depuis quelques jours — c'était aux environs de Pâques — il a été « tout en Dieu... On ne peut pas y avoir été plus que j'y ai été toute cette semaine, quoy qu'à Versailles. » A quelque temps de là, le bon abbé de Fénelon allait se livrer, lui aussi, à de véritables excès de zèle, pour l'amour de Dieu, et pour le plus grand bien des petits Savoyards de Paris.

Rappelé à Paris pour ses affaires, il se logea aux Missions étrangères; et, comme sa charité fut vite connue aux environs, sans qu'il eût pris soin de publier ses aumônes à son de trompe, ni dans les gazettes, on lui proposa de prendre la direction de l'œuvre des Savoyards, dont l'un des centres avait été établi aux Missions par l'abbé de Pontbriand. L'ancien aumônier de la reine, qui avait alors au moins soixante ans, accepta d'être l'aumônier des enfants et ouvriers des rues ; et il se donna de tout son cœur à ce peuple qui le paya bientôt d'une filiale affection. L'abbé de Fénelon catéchisait et visitait son monde ; ses paroissiens étaient-ils malades ou sans travail, sa bourse devenait leur caisse d'épargne et de prévoyance ; il y puisait largement : non toutefois sans discrétion ; car il faisait surveiller la conduite et les déportements de ses protégés.

A la surveillance, aux secours, aux leçons, il joignait les récompenses extérieures ; ainsi il décorait de sa main les plus méritants ; et les médailles de cuivre décernées par ce prêtre, ou comme on disait, par *l'Évêque des Savoyards*, étaient une recommandation puissante auprès des gens de police (1). La police était dans les meilleurs termes avec le saint vieillard ; si bien qu'elle « lui remettait, à mesure qu'ils arrivaient à Paris, le nom, l'adresse et les papiers de chaque Savoyard ; de sorte que, par la plus aimable nécessité, aucun n'arrivait, ne demeu-

(1) Cf. *Biographie universelle* de Michaud, t. XIV : *Fénelon*.

rait, ne repartait, sans recevoir quelque marque de sa tendre sollicitude (1) ».

Nous avons déjà vu que les ramoneurs, ne pouvant pas tous, ni tous les jours, faire l'ascension des cheminées de Paris, s'adonnaient à d'autres humbles besognes. L'*Évêque* des Savoyards encourageait surtout le métier de décrotteur — métier, dit son biographe, « plus journalier » que l'autre ; notamment à une époque où les rues et trottoirs n'étaient point soumis au luxe des balais modernes. Mais, pour les décrotteurs, il fallait du cirage, des brosses, des boîtes ; l'abbé de Fénelon y pourvut, et fournit, de sa bourse, les instruments de travail. Il avait organisé pour ses petits protégés un magasin de chemises, de chaussures et de vêtements ; ce magasin était une boutique dépendant de la maison des Missions étrangères, et dont il paya le loyer jusqu'au 8 avril 1793 ; on a conservé le texte de la quittance que lui délivra le nommé Salmon, par laquelle le susdit Salmon reconnaît « avoir reçu du citoyen Fénelon, la somme de 60 livres, pour trois mois de loyer (2) ».

Et qu'on ne s'imagine point que ce vieillard gouvernait ses fidèles de loin, ou par procureur ; on le voyait passer dans les rues, s'arrêter dans

(1) *Les petits Savoyards*, par un de leurs amis, Ad. D., 2e édit., p. 35.

(2) *Saint-Sernin et son dernier prieur*, page 228 ; cf. *Catéchisme de persévérance*, par Mgr Gaume, t. VI, p. 423.

les carrefours auprès du chétif établissement des Savoyards décrotteurs, leur demander des nouvelles de leurs recettes, les consoler quand ils n'avaient rien gagné ou pas grand'chose. Lorsque ses propres ressources venaient à s'épuiser, il allait frapper à la porte des hôtels et tendait la main, comme naguère l'abbé de Pontbriand.

Parmi ses bienfaiteurs, il en est un dont la générosité, les vertus et les malheurs exigent une mention à part. Louis XVI, ainsi que sa grand'-mère Marie Leckzinska et son père le grand Dauphin, était le premier caissier des ramoneurs et décrotteurs de Paris. Jusqu'au jour de sa captivité, le pieux roi « donnait régulièrement sur sa cassette 5,000 francs par an pour les pauvres Savoyards (1) ».

Madame Elisabeth était aussi la caissière des petits ramoneurs et de leur «évêque». — « Son nom, son œuvre, le souvenir de Marie Leckzinska, tout parlait pour lui ; et madame Elisabeth, cet ange de la cour, poussée par la pieuse pensée de la sainteté et des malheurs de son aïeule, que la vue de ce vieillard lui rappelait, jetait une large aumône dans la bourse des pauvres (2). »

Les Savoyards, pensionnaires du roi de France, étaient traités princièrement par l'abbé de Fénelon, aux temps de leurs solennités religieuses.

(1) *Les petits Savoyards*, p. 33.
(2) *Saint-Sernin*, etc., p. 231.

La cérémonie de la première communion et la fête de saint François de Sales, patron des enfants de Savoie, étaient de grands jours pour les *diocésains* de M. de Fénelon. Il invitait dans sa chapelle souterraine des Missions le *beau monde* de la capitale; et il y avait pour ces occasions, des listes d'invitation soigneusement rédigées ; on y prêchait, on y quêtait, et là encore se faisait le plus admirable rapprochement fraternel des classes : le velours et les dentelles ne dédaignaient point de coudoyer le froc gris et roux des petits travailleurs de la rue.

Parmi les orateurs qui eurent l'honneur, — c'est le cas de le dire — de prendre la parole dans ces réunions solennelles, figure le P. Lenfant, prédicateur du roi, qui donna cinq stations de carême dans la chapelle de Versailles, en présence de Louis XVI, et qui devait, comme le roi-martyr, mourir sous les coups des bourreaux de la France ; et le P. Beauregard qui, pendant son carême, prêché devant la cour, en 1789, annonça, avec la vigueur d'un prophète, les malheurs du pays et les sacrilèges horreurs de la déesse Raison.

L'abbé Caron, l'auteur de nombreux ouvrages d'histoire et de piété, fut, en 1788, l'auditeur du P. Beauregard et le témoin d'une fête des ramoneurs : — « J'ai vu, raconte-t-il, en 1788, Mgr de Beauvais, évêque de Senez, présider à cette touchante et admirable fête ; j'ai entendu le P. Beauregard y donner un discours, dont le sujet était : *Qu'est-ce qu'un chrétien? Qu'est-ce qu'un chrétien doit être ?* J'ai vu le vénérable abbé de Fénelon, oubliant son âge, se montrer partout, verser partout, sur sa jeune famille adoptive, ses bénédictions plus que paternelles. L'orateur, en tonnant du haut de sa chaire, sur les grandeurs humaines, m'avait pénétré d'un religieux tremblement : et le neveu du grand Fénelon, en me rapprochant des petits et des pauvres, avait comme agrandi le christianisme à mes yeux. » (*Les Confesseurs de la foi dans l'Église gallicane*, t. II, p. 32, etc.)

Vers la même époque, le P. Lenfant prononça, en présence de Mgr de Juigné, archevêque de Paris, l'*Exhortation aux Petits Savoyards pour le Renouvellement des Vœux du Baptême;* et ce sermon a été recueilli dans le dernier tome des *Œuvres* du célèbre orateur (1). Il fit l'éloge, comme c'était juste, de l'abbé de Fénelon, de son zèle et de sa charité :

... A votre tête, un vertueux conducteur digne de ce nom illustre, dont les vertus et les talents se sont disputé, ou plutôt se sont partagé la gloire, qui vous rassemble; un respectable Ministre de l'Église, dont assidument les leçons vous instruisent, et dont la charité veille généreusement à tous vos intérêts...

(1) *Œuvres* du P. Lenfant, Prédicateur du Roi, 1818, t. VIII, pp. 430 et 465.

Vers la fin du discours, il parle des Savoyards et leur dit comment Dieu lui-même s'occupe de chacun d'eux :

La Providence a conduit vos pas; elle a affermi votre enfance; elle vous a prémuni contre ses dangers. Au milieu d'une patrie étrangère, elle vous fait retrouver les sentiments de la vôtre; elle vous ménage des ressources; et combien surtout elle les multiplie pour votre âme, pour votre salut! Combien de secours elle vous offre pour la vertu (1)!

Ces secours que la Providence offrait aux pauvres et aux plus humbles ouvriers, les ressources qu'elle leur procurait, et qui tombaient sur eux de haut par les mains du saint vieillard, la Révolution les leur enleva; et elle leur prit l'abbé de Fénelon lui-même, au moment où elle allait s'effondrer, sous le fardeau de ses hontes, dans le sang des échafauds.

Tout en se dévouant à ses chers Savoyards, l'abbé de Fénelon ne négligeait pas les pauvres du Prieuré de Saint-Sernin; il leur envoyait de larges aumônes. — « Quarante-quatre familles, dont plusieurs existent encore à Saint-Sernin, recevaient ainsi leur pain de chaque jour. Parmi ces pauvres, se trouvaient dix veuves, chargées de

(1) En 1791, le P. Lenfant commença la Station de Carême devant la cour, mais, après la première semaine, parut la loi sacrilège de la Constitution civile du clergé. Le P. Lenfant refusa le serment; et, l'année suivante, il fut massacré, le 5 septembre, à l'Abbaye.

famille, plusieurs orphelins et des malades. Il leur achetait aussi des étoffes et des vêtements (1) ».

Tant de dévouement pour le vrai peuple devait nécessairement attirer l'attention des farouches prôneurs de la fraternité. C'est ce qui arriva. Le vénérable prêtre dut se procurer *un certificat de présence;* et nous avons, grâce à cette ridicule et odieuse formalité, son signalement reconnu exact par deux perruquiers de la section de la Croix-Rouge, le 18 juin 1792 : «... Jean-Baptiste-Augustin Salignac Fénelon, prêtre, né à Saint-Jean d'Estissac, département (*sic*) de Bergerac, taille de cinq pieds deux pouces, âgé de 78 ans, tête forte, front couvert, yeux gris, nez aquilin, bouche ordinaire, menton plat. »

Il habitait encore à cette date, aux Missions étrangères; peu de jours après, il se réfugia dans les environs de l'Observatoire; et, de là, il demanda un asile à l'un de ses amis qui demeurait à Poissy. En mai 1793, il fut obligé de rentrer à Paris; et en novembre, il se retirait au Calvaire du Mont-Valérien, où des agents qui poursuivirent le *citoyen Fénelon*, exigèrent de nouvelles formalités et déclarations; preuve évidente qu'on ne perdait pas de vue un homme aussi dangereux à la sûreté de l'Etat. Les pourvoyeurs de la guillotine avaient pu rencontrer bien des fois ce

(1) *Saint-Sernin*, etc. Page 234.

vieux prêtre au grand air qui traitait familièrement avec les décrotteurs, au coin des places et carrefours ; il devenait de toute évidence que cet homme-là était un conspirateur. Au reste, le nom seul de ce ci-devant n'était-il pas un crime? Ce fut l'avis des scélérats qui ensanglantaient le pays ; on le déclara *suspect ;* et, dans les premiers jours de 1794, il fut appréhendé et conduit à la prison du Luxembourg.

A cette nouvelle, grand émoi et grande désolation chez les Savoyards ; ils délibérèrent entre eux sur le parti à prendre pour le sauver. — « Les Savoyards, ses *élèves*, dit un historien, ayant le nommé Firmin pour orateur, se présentèrent le 19 janvier 1794 à la barre de la Convention, pour y redemander leur *bon père* (1). » Ils réclamaient la vie et la liberté pour ce prêtre de quatre-vingts ans qui les faisait vivre ; ils racontaient ses libéralités, son amour des gens qui travaillent et qui souffrent ; mais leur touchante pétition n'émut point de tels juges ; et, comme dit un autre biographe, « ni leurs larmes, ni leur désespoir, ne purent fléchir les tigres altérés du sang français ».

On a conservé le texte de cette pétition, que les Savoyards avaient fait rédiger par un *citoyen*, plus habile qu'un ramoneur à manier la phrase et la plume. Bien à contre-cœur, ils durent permettre

(1) *Encyclopédie* des gens du monde, t. X. — Plus exactement, 30 nivôse, 20 janvier.

que le rédacteur glissât dans la harangue des expressions, peu en rapport avec leurs propres sentiments; mais dont l'absurdité même était, croyait-on, une garantie de plus.

Voici la requête, signée de Firmin, « au nom de tous ses camarades », et lue par lui à la Convention, dans la séance du 30 nivôse :

Citoyens législateurs,

Sous le règne du despotisme, les jeunes Savoyards eurent besoin d'appui en France ; un vieillard respectable leur servait de père. Le soin de notre conduite, les premiers instruments de notre industrie, notre subsistance même, furent longtemps les fruits de son zèle et de sa bienfaisance. Il était prêtre et noble ; mais il était affable et compatissant. L'aristocratie ne connaît pas d'aussi doux sentiments. (!)

Cet homme si cher à nos cœurs, et, nous osons le dire, si cher à l'humanité, c'est le citoyen Fénelon, âgé de 80 ans, détenu dans la maison d'arrêt du Luxembourg par mesure de sûreté générale. Nous sommes loin de condamner cette mesure ; nous respectons la loi ; les magistrats ne sont point tenus de connaître ce vieillard comme le connaissent ses enfants. Ce que nous demandons, citoyens représentants, c'est qu'il plaise à cet auguste Sénat de permettre que notre bon père soit mis en liberté sous notre responsabilité. Il n'en est aucun parmi nous qui ne soit prêt à se mettre à sa place ; tous ensemble, nous nous proposerions même, si la loi ne s'y opposait pas.

Si cependant notre sensibilité nous rendait indiscrets, citoyens législateurs, ordonnez qu'un prompt rapport vous fasse connaître notre Père. Vous applaudirez sûrement à ses vertus civiques ; et il sera aussi doux pour ses enfants de vous les avoir exposées, qu'il sera consolant pour ce bon père de recevoir ce témoignage de votre justice et de notre reconnaissance.

D'après la marquise de Créquy, au tome VII de ses *Souvenirs*, la pétition des ramoneurs retarda de quelques mois la mort du saint vieillard, qui, au Luxembourg, édifiait et consolait ses compagnons ; et qui, avant l'introduction de la hideuse gamelle, allait chaque jour prendre ses repas chez l'infortunée Duchesse d'Orléans, avec laquelle il s'entretenait des choses de Dieu et des espérances éternelles (1).

Il entendait les confessions des prisonniers et les exhortait à bien mourir ; en attendant qu'il en fût jugé digne lui-même. C'est ce qui eut lieu, en messidor : lorsque les égorgeurs de la Convention eurent inventé le *Complot des prisons*, pour se débarrasser de ceux qui les gênaient ; et c'est ainsi que l'abbé de Fénelon fut condamné, avec cinquante-huit autres victimes — parmi lesquelles se trouvait son neveu, le colonel de Fénelon — *pour avoir conspiré en prison contre l'unité et l'indivisibilité de la République*. Ils de-

(1) Voir Nougaret, *Histoire des prisons*; pp. 389 et suiv.

vaient être envoyés à l'échafaud, quelques jours avant que Robespierre y reçût lui-même sa récompense — le 19 messidor an II, 7 juillet 1794.

« On demeure plein de respect et de vénération, écrit l'historien de *L'Église de Paris pendant la Révolution*, devant une autre victime de cette conspiration du Luxembourg, l'abbé Jean-Baptiste-Augustin Salignac de Fénelon, prêtre du diocèse de Périgueux, né à Saint-Jean-d'Estissac en 1714 (1). » L'abbé Delarc énumère tous les titres de l'abbé de Fénelon : aumônier de la Reine, bienfaiteur des campagnes de Saint-Sernin-du-Bois « où sa mémoire est encore pieusement conservée », directeur et apôtre des petits Savoyards. Après quoi, il cite une ou deux pages de la *Vie* et des *Œuvres* de M. Conneaux, une autre victime de la Terreur agonisante ; ces *Mémoires* de M. Conneaux furent publiés en 1796 dans les *Annales religieuses, politiques et littéraires*, rédigées alors surtout par l'abbé Sicard (2). Nous ne saurions mieux faire que de reproduire ces souvenirs d'un témoin, digne, lui aussi, de tout respect.

L'abbé de Fénelon, de la famille du grand Fénelon, vieillard octogénaire si connu à Paris pour son zèle et sa libéralité envers ceux qu'on appelle les *Petits Savoyards*, brillait dans la maison d'arrêt du

(1) *L'Église de Paris*..., etc., t. III, p. 233 et suiv.
(2) *Annales*..., etc., 1er vol. pp. 131.

Luxembourg par l'éclat de ses vertus. Tout le temps qu'il ne donnait pas, pendant le jour, à la prière et à de saines lectures, était consacré à faire, dans le secret, les œuvres d'un homme apostolique.

Ce vénérable prêtre était transporté de joie, et remerciait Dieu de tout son cœur, quand il avait eu le bonheur de convertir une seule âme et il n'y a que Dieu qui sache combien il a ramené d'âmes égarées dans le chemin de la vérité. Sa confiance en Dieu, qu'il regardait comme le plus tendre des pères, était admirable, et il désirait ardemment de donner sa vie pour Jésus-Christ. Je m'en aperçus par une réponse qu'il me fit. « Je crois bientôt paraître devant le tribunal, lui disais-je, je suis dénoncé comme fanatique. » Le vrai serviteur de Dieu me dit : « Ah ! que je vous félicite, je voudrais bien être à votre place ! Quel bonheur de mourir pour avoir rempli son devoir ! C'est pour Jésus-Christ qui est mort pour nous ; je n'aurai pas ce précieux avantage ; je n'en suis pas digne. » Ces paroles, et encore plus, l'onction dont il les accompagna, me pénétrèrent pour lui d'un respect religieux, et remplirent mon âme de consolations.

Le jour de la grande levée des détenus du Luxembourg, après que la troisième charretée fut partie (c'était vers les huit heures du matin), je demandais à tous ceux que je rencontrais : « L'abbé de Fénelon est-il du nombre ? » Les uns me disaient oui, parce qu'on avait emmené un de ses parents, qui portait le même nom ; les autres m'assuraient qu'il n'en était pas, et, en effet, on ne l'avait pas appelé ; il était alors environné de plusieurs prisonniers qui se félicitaient de ce qu'ils le possédaient encore; mais ils ne devaient pas le posséder longtemps.

M. l'abbé de Fénelon était sur la liste de ceux qui devaient mourir le jour même ou le lendemain, et il n'avait pas été appelé par oubli. Mais, comme l'on vint à s'apercevoir que le nombre des victimes désignées n'était pas complet, qu'il en manquait une, l'abbé de Fénelon, on envoya le chercher à l'heure même. A cet appel des guichetiers : « Fénelon ! Fénelon ! » beaucoup de prisonniers, accablés d'une douleur profonde, se portèrent sur ses pas, pour voir encore une fois celui qu'ils regardaient comme leur père dans la foi. Fénelon, touché de leurs larmes, leur parla le langage d'un vrai martyr; il porta dans leur cœur des sentiments de consolation et de résignation, et il descendit ainsi du troisième étage où il était logé.

Il y avait parmi les détenus deux ou trois Savoyards qu'il avait instruits et à qui il avait fait faire la première communion. Lorsqu'ils le virent aller au greffe, l'un d'eux s'écria en versant des larmes : « Quoi ! mon bon père, vous allez aussi au tribunal ? » Il lui répondit d'un ton paternel : « Ne pleurez pas, mes enfants; c'est la volonté de Dieu, priez pour moi. Si je vais dans le ciel, comme je l'espère de la grande miséricorde de Dieu, je vous assure que vous y aurez un bon protecteur. »

Je ne sais rien de ce qu'il dit ni de ce qu'il fit jusqu'à ce qu'il fût dans le chariot qui le conduisit à l'échafaud; mais ce chariot et ensuite l'échafaud, furent pour lui deux chaires où il prêcha Jésus-Christ et son évangile, où il inspira à ses camarades d'infortune des sentiments de pénitence et de confiance. Il leur fit entendre ces paroles : « Mes chers camarades, Dieu exige de nous un grand sacrifice, celui de notre vie ; offrons-le-lui de bon cœur, c'est un sûr moyen d'en obtenir miséricorde. Ayons confiance en lui, il nous accordera le pardon de nos péchés dont je vais, comme son ministre, vous donner l'absolution. » On dit qu'il avait obtenu de l'exécuteur la permission de parler, et que cet homme s'inclina dans le temps que le saint prêtre prononça les paroles sacramentelles.

Ajoutons à ce récit quelques autres détails, qui ont leur place marquée dans notre étude.

L'accusateur public, qui demanda la mort de l'abbé de Fénelon, était le hideux Fouquier-Tinville ; on était pressé ; les greffiers n'avaient pas même le temps d'écrire correctement les noms des victimes, ou les autres renseignements qui les concernaient. Voici ce qu'ils écrivirent, quand le tour de l'abbé de Fénelon fut arrivé :

« Jean-Baptiste-Augustin Salignac-Fénelon, âgé de quatre-vingts ans, né à Saint-Jean-d'Estissac, département de la Drôme (lisez *Dordogne*) ; prêtre au prieuré de Saint-Couien (lisez *Saint-Sernin*), demeurant rue du Bacq, aux cy-devant Missions étrangères (1). »

Une suprême douleur attendait le bon vieillard au seuil de la prison. Quand il sortait du Luxem-

(1) *Saint-Sernin*, etc. ; page 265.

bourg, il remarqua un porte-clefs et le reconnut; c'était encore un de ses malheureux Savoyards qui lui devaient l'existence. Le pauvre garçon, excellent chrétien, du reste, avait, à force de démarches, obtenu cette place de concierge de prison, et était ainsi devenu le geôlier de son *bon père*. Quand il le vit sortir, pour s'en aller à la guillotine, il se jeta à ses pieds, conjurant le saint prêtre de le bénir une dernière fois. « Retire-toi, Joseph, lui dit l'abbé tout ému ; si on te voyait... » Joseph avait été vu. Il fut destitué et chassé sur-le-champ pour ce crime (1).

Un autre spectacle plus émouvant encore était réservé aux victimes et aux témoins qui remplissaient les rues, ce 7 juillet 1794 ; un bon nombre de petits Savoyards étaient accourus, secoués par la douleur et consternés : — « La fatale charrette, en s'ébranlant, fut escortée de ces pauvres enfants, dont le courage ne se démentait pas (2). »

Pendant le trajet, jusqu'à la barrière du Trône, l'abbé de Fénelon ne cessa d'exhorter ses compagnons d'infortune : — « Au pied de l'échafaud, tous s'agenouillèrent ; il prononça sur eux les paroles de l'absolution ; et l'on remarqua que le

(1) *Les petits Savoyards*, par un de leurs amis, etc., p. 46. — Cf. *La Terreur*, par M. Wallon : *Correspondant*, 25 août 1872 ; *Catéchisme de persévérance* de Mgr Gaume, t. VI, p. 427 ; — et *Saint-Sernin*, etc., par M. l'abbé Sébille, p. 259 et suiv.

(2) Geoffroy de Grandmaison, *La Congrégation*, p. 199.

bourreau lui-même courba sa tête devant l'homme qu'il allait immoler (1). »

L'Œuvre des petits Savoyards et ramoneurs avait pour protecteur au ciel un martyr (2).

V

Mais cette œuvre était frappée à mort, comme toutes les autres créations de la charité qui avaient fleuri, depuis des siècles, sur la terre chrétienne de France; et dont la Révolution « satanique » avait juré la perte. Au retour de la place du Trône, où s'élevait la guillotine du 19 messidor,

(1) *Biographie* de Michaud, article de M. Delaulnaye, reproduit presque mot pour mot dans la *Biographie* de Feller.

(2) Son corps repose dans le cimetière de Picpus; son nom est inscrit sur la dernière colonne, avec la date sanglante du 7 juillet 1794. — Dans sa déplorable *Histoire des Girondins*, Lamartine a raconté, avec une respectueuse émotion, la mort de l'abbé de Fénelon, « escorté (sur le chemin du martyre) par de pauvres enfants en haillons. » Mais Lamartine a commis un certain nombre d'erreurs, même sur ce fait du 19 messidor. Il affirme que les petits Savoyards vinrent, ce jour-là même, solliciter de la Convention la grâce du saint vieillard; ce qui avait eu lieu six mois auparavant. Lamartine dit que l'abbé de Fénelon avait *quatre-vingt-neuf* ans; c'est neuf ans de trop. Enfin, il ose, lui aussi, transformer le grand archevêque de Cambrai en ancêtre de la Révolution; il l'appelle, avec une emphase voisine de la niaiserie : « Ce germe chrétien d'une révolution égarée. » (T. VIII, p. 127-128.)

Fénelon ne mérite ni ce triste honneur, ni cette indignité.

les ramoneurs étaient, comme tant d'autres, des brebis sans pasteur. Pourtant, il est à croire que beaucoup demeurèrent fidèles; car on raconte que, dans les premières années de ce siècle, les Savoyards qui avaient connu l'abbé de Fénelon montraient encore, en versant des larmes, le vieux catéchisme qu'ils tenaient de sa main.

De 1794, à la fin de l'Empire, on ne voit pas qu'ils aient été évangélisés et secourus, comme ils l'étaient depuis 1732 ; l'*âge d'or* était fini ; on était en plein dans l'âge de fer. Ce fut seulement au bout de ces quinze ou vingt ans que l'on essaya de renouer des traditions si consolantes et que les Savoyards eux-mêmes appelèrent à leur aide, car ils continuaient encore d'émigrer vers Paris ; les plus jeunes comme ramoneurs ; les plus vigoureux en qualité de frotteurs. Mais les Auvergnats, descendant, à la façon d'avalanche, du flanc de leurs volcans éteints, faisaient alors aux frotteurs allobroges une rude concurrence, et, sur ce terrain, l'Auvergne finit par supplanter la Savoie — qui s'appelait alors le département du Mont-Blanc.

Quant aux enfants, il en venait d'abord beaucoup, trop peut-être ; tant même, qu'il y eut, paraît-il, du chômage. Pour occuper leurs loisirs et ceux des badauds qui ne chôment point; les petits Savoyards apportaient, avec leur raclette et leur mince bagage, une de ces marmottes dont la chair, dans leur pays, leur sert de victuaille et dont la peau se transforme en une fourrure, peu luxueuse, pour leur bonnet. Vous vous souvenez de l'alexandrin si triste de Guiraud :

J'avais une marmotte, elle est morte de faim.

Puis, s'apercevant que le nombre des badauds est infini et leur curiosité élastique, ils joignirent à la marmotte d'autres bêtes à montrer, une ménagerie ambulante : des souris blanches, des tortues, et enfin des singes (1). Mais tout s'use, même à Paris. Les Parisiens qui, durant les glorieuses années de l'Empire, pouvaient tous dire le mot fameux : *J'en ai tant vu, des rois!* ne s'intéressaient que médiocrement à une marmotte, à une tortue, traînées le long des boulevards par un enfant des montagnes. Quoi qu'il en soit, les petits Savoyards commencèrent à délaisser Paris pour d'autres contrées plus hospitalières à leur industrie ; et un de leurs chroniqueurs écrivait : « A Paris, le nombre des Savoyards ramoneurs a sensiblement diminué, depuis 1816 (2). »

Et pourtant, il en restait une assez importante colonie ; et ce fut en 1816 que l'*Œuvre des Ramoneurs* fut reprise par un prêtre qui méritait de succéder aux Pontbriand et aux Fénelon, — l'abbé Legris-Duval, connu sous le nom du *Pauvre Prêtre;* cœur sensible à toutes les souffrances,

(1) *Les petits Savoyards*, par un de leurs amis, Ad. D., édit. de 1832, p. 14.
(2) *Ibid.*, p. 14.

ouvert à toutes les généreuses pensées, prêt à tous les dévouements, dût la mort s'ensuivre, dès que la gloire de Dieu était en cause.

René-Michel Legris-Duval était Breton, comme l'abbé de Pontbriand ; il était né le 16 août 1765, au diocèse de Saint-Pol de Léon ; — il était le neveu du P. de Querbœuf qui avait aidé l'abbé de Fénelon à éditer les *Œuvres* du grand Archevêque de Cambrai (1). Ordonné prêtre en 1790, il n'avait pas encore obtenu de titre officiel dans l'Église, à l'époque de la Constitution civile du clergé, et, par suite, ne fut pas invité à prêter le serment schismatique. D'autre part, il dut à sa jeunesse de n'être pas porté sur les listes des émigrés ; il passa les plus mauvais jours de la Terreur, soit à Paris, soit à Versailles, caché, mais ne craignant pas de se montrer, s'il y allait du salut éternel d'une seule âme. Le 20 janvier 1793, il se présenta à la barre de la Convention et dit simplement : « Je suis prêtre ; j'ai appris que Louis est condamné à mort ; je viens lui offrir les secours de mon ministère ; et je demande que ma proposition lui soit transmise. » — Les régicides se regardèrent, interdits, et presque émus de cette sainte audace. Toutefois, ils se ressaisirent, délibérèrent longuement ; et, pour réponse, ils allaient le faire conduire en prison, lorsque Robespierre, dit-on,

(1) Voir plus haut, page 49.

lui-même, intervint et prit la défense du jeune prêtre qui avait été comme lui élève du Collège Louis-le Grand.

De 1795 à 1819, l'abbé Legris-Duval fut l'âme de toutes les entreprises de charité, le Vincent de Paul du dix-neuvième siècle à son aurore. Il eut pour auxiliaires les membres de la *Congrégation*, qui eurent le dangereux honneur de troubler Bonaparte au milieu de ses triomphes, avant de faire tant de peur, vraie ou feinte, aux anciens égorgeurs devenus *libéraux*, et aux vieux Jacobins assagis. Ces jeunesgens, dont M. Legris-Duval fut le directeur, jusqu'au retour de la Compagnie de Jésus, étaient, à tous points de vue, l'élite de la jeunesse de France. Ils comptaient dans leurs rangs, où figuraient toutes les classes de la société, les plus beaux noms de l'aristocratie, à commencer par les Montmorency, les Rohan, les Noailles, les Polignac, et combien d'autres (1)!

Sous la conduite du *Pauvre Prêtre*, ils se portaient à tous les actes de zèle, avec l'entrain de leur âge, et la vigueur d'une foi vive, puisée surtout dans les réunions pieuses de leur petit oratoire des Missions étrangères (2). Il faut lire

(1) Cf. *La Congrégation*, par Geoffroy de Grandmaison, p. 97 et *passim*.

(2) La *Congrégation* tint ses assemblées pendant toute la Restauration, au Séminaire des Missions, dans une petite chapelle du troisième étage, éclairée par une grande fenêtre donnant sur la rue de Babylone ; puis, quand la cha-

dans le beau livre que M. Geoffroy de Grandmaison leur a consacré les prodiges accomplis pendant une quinzaine d'années par ce bataillon des *jeunes;* notamment auprès des enfants des rues, Auvergnats et Savoyards. L'abbé Legris-Duval recueillit « ces enfants abandonnés, et, par un secret dessein de la Providence, (il) les rassembla précisément dans ces mêmes salles du séminaire des Missions étrangères où l'abbé de Fénelon avait jadis évangélisé leurs devanciers. Après 1814 (1), plusieurs sermons de M. Duval apportèrent à l'œuvre de généreuses offrandes; l'abbé de Retz (vice-directeur de l'œuvre) s'y employa; et les Congréganistes s'y dévouèrent tout entiers.

« Les catéchismes faits aux Missions devenaient insuffisants; on en établit d'autres à Saint-Roch, puis à Saint-Sulpice, à Sainte-Marguerite, à Saint-Germain-des-Prés (2). »

Crétineau-Joly raconte, lui aussi, l'apostolat des jeunes gens auprès des ramoneurs. « Les Congréganistes, dit-il, s'efforçaient de faire revivre la touchante institution qui immortalise une seconde fois le nom de Fénelon. Ils réunissaient tous les dimanches, dans les chapelles souterraines des quatre principales églises de Paris, les pauvres enfants accourus de Savoie ou

pelle devint trop étroite, dans la salle de la Bibliothèque. (G. de Grandmaison, *lib. cit.*, p. 161.)

(1) Ne faudrait-il pas lire : *en 1816?*

(2) *La Congrégation*, p. 199.

d'Auvergne pour tenter fortune par les plus infimes métiers. Ils leur apprenaient à croire et à prier; ils leur enseignaient la probité et la patience; ils encourageaient leurs vertus naissantes, en les mettant au-dessus du besoin (1). »

Pour éclairer ce zèle et lui donner une plus efficace et plus durable énergie en le guidant, un règlement fut rédigé, dont nous transcrivons une ou deux des premières pages. Il est intitulé : *Règlement de l'Œuvre des Savoyards à Paris*, et il porte la date de septembre 1816.

... La Société de charité établie à Paris, se divise en trois Sections; dont une, appelée *Section de l'Instruction*, s'occupe exclusivement de cet objet à l'égard des Ramoneurs, Décrotteurs, Commissionnaires et autres ouvriers des rues, venant d'Auvergne ou de Savoie.

Des raisons très sages dans le principe et justifiées par plusieurs années d'expérience (2), ont déterminé à se borner aux habitants de ces montagnes, qui viennent à Paris exercer les fonctions dont on vient de parler, et qui presque tous se destinent à y retourner un jour.

Pour le dire en passant, nous nous gardons bien

(1) *Histoire de la Compagnie de Jésus*, 3e édit, T. VII, p. 141.

(2) Ces mots donnent à entendre que l'on s'occupait, au moins isolément, des Savoyards avant la date de 1816, qui vit l'Œuvre se reconstituer en grand pour tous les petits montagnards.

de contrarier ce projet et de donner à nos enfants des états ou un genre d'instruction, qui les en détourneraient. Nous avons soin au contraire, de les tenir dans l'isolement où ils sont naturellement placés, qui les garantit des vices et des funestes influences de la capitale. C'est aussi cet isolement qui nous a engagés à leur donner des soins temporels et spirituels dont ils étaient entièrement privés.

Les Savoyards (sous ce nom sont compris les Auvergnats qui forment la majorité du nombre de nos élèves) sont divisés, à Paris, en cinq catéchismes : quatre catéchismes d'instruction pour les enfants qui n'ont pas fait leur première communion et qu'on y dispose ; et un grand catéchisme où sont reçus tous ceux qui ont fait leur première communion, quel que soit leur âge.

Ce dernier catéchisme est divisé en deux classes : l'une des jeunes gens au-dessous de vingt-deux ans, et l'autre des hommes au-dessus de vingt-deux ans. Ce n'est plus une explication de la lettre du catéchisme qu'on fait à ceux qui fréquentent le grand catéchisme, mais une instruction plus forte. Aux jeunes gens, on la prend dans l'explication des vérités de la foi, par Collot ; aux hommes, dans l'Instruction chrétienne de Lhomond.

On a soin de veiller à ce que ceux qui fréquentent le catéchisme observent le devoir pascal.

On leur procure des confesseurs ; et MM. les Curés se prêtent volontiers à ce que les Savoyards fassent ensemble leurs pâques dans l'église des Missions, le berceau et le point central de l'Œuvre.

Suivent de nombreux détails pratiques, qui démontrent qu'on ne laissait rien au hasard, ni à l'improvisation, fléau de ces œuvres. On réunissait tous les Savoyards, chaque dimanche, pour la messe, à heure fixe, mais dans différentes églises.

La première communion avait toujours lieu dans la chapelle de la rue du Bac, aux Missions. Les premiers communiants, dit le règlement, « sont tous habillés uniformément, aux frais de la société; ils sont ensuite ramenés à la Maison principale, où on leur donne un dîner servi par les Associés... » La *Maison principale*, située rue de Sèvres, était mise à la disposition de la Société par l'Administration des Hôpitaux de Paris. On y établit un modeste atelier, avec une école où l'on enseignait aux petits Savoyards la lecture, l'écriture; puis, à quelques-uns, doués sans doute d'une voix moins criarde, le plain-chant. Un médecin y donnait, à certains jours déterminés, des consultations gratuites pour les protégés de l'Œuvre. Là aussi était déposé le registre-matricule où chaque Savoyard, dès son arrivée à Paris, devait se faire inscrire.

Des distributions de pain se faisaient à chaque réunion : deux livres pour la messe, une livre pour l'instruction ; un bon d'une livre aux enfants du catéchisme, pour chaque séance.

Les Savoyards assistaient, en quelque sorte d'office, à plusieurs grandes cérémonies religieuses ; ainsi, aux processions de la Fête-Dieu et du Vœu de Louis XIII ; et, à ces processions, on portait dans leur groupe la bannière de leur patron, saint François de Sales. Dieu et les Saints avaient alors droit de cité dans Paris ; ils pouvaient passer dans les rues et recevoir les hommages du peuple chrétien ; et c'était un spectacle doucement éloquent que celui des pauvres petits Savoyards admis dans ces magnifiques cortèges, où ils suivaient, comme un vrai drapeau national, l'image du grand évêque de Genève qui a tant aimé la France.

L'abbé Legris-Duval resta jusqu'à la fin le *pauvre prêtre*, serviteur des malheureux ; il était bien connu à la cour de Louis XVIII ; on lui offrit un évêché : mais, comme l'abbé de Fénelon, il préféra le *diocèse* des Savoyards. En revanche, il fut nommé prédicateur du roi. Le prédicateur des Savoyards accepta cette charge qui lui permettait d'annoncer plus hardiment l'Évangile et qui devait lui ouvrir des bourses mieux garnies que la sienne. Mais, dans la pleine maturité de l'âge, dans la pleine possession de l'influence pour le bien des plus grands et des plus petits, Dieu l'appela au repos. Il mourut à cinquante-quatre ans, pleuré de tous les indigents dont il était l'aumônier depuis un quart de siècle. Chez les ramoneurs, il y eut une véritable explosion de douleur filiale : « Les petits Savoyards, dit un de leurs historiens, erraient comme des enfants perdus dans les rues de Paris, annonçant par leurs gémissements et leurs sanglots qu'ils avaient perdu leur père (1). »

Les funérailles eurent lieu, le 20 janvier 1819, en l'église Saint-Sulpice ; et comme les petits Savoyards n'auraient pu se frayer une place dans la foule des personnages qui envahissaient la nef, on eut l'heureuse attention de les introduire dans une tribune, d'où il leur fut possible de voir, à travers leurs larmes, ce triomphe funèbre de leur meilleur ami.

Aujourd'hui, au fond de l'église souterraine des Missions, un monument, bien simple, réunit dans ce lieu sanctifié par la charité apostolique des trois directeurs de l'Œuvre des Ramoneurs, le souvenir béni des abbés de Pontbriand, de Fénelon et Legris-Duval.

VI

Après la mort de l'abbé Legris-Duval, ses anciens *Congréganistes*, sous la conduite d'hommes au zèle intrépide, comme le P. Ronsin, n'abandonnèrent point les enfants d'Auvergne et de Savoie. Déjà, en 1817, un des membres les plus illustres de la *Société des bonnes Œuvres*,

(1) *Les petits Savoyards*, par un de leurs amis, etc., p. 47.

le vicomte de Bonald, futur pair de France, s'était préoccupé du sort de ces petits étrangers, attirés à Paris par le besoin de vivre et par les beaux rêves transmis de génération en génération dans les chaumières de Savoie :

On m'a dit qu'à Paris je trouverais du pain ;
Plusieurs ont raconté dans nos forêts lointaines
Qu'ici le riche aidait le pauvre dans ses peines (1).

Le vicomte de Bonald n'était pas riche ; il avait, comme tant d'autres Français fidèles, été ruiné par la Révolution ; mais son nom était une puissance, et son cœur était toujours disposé à aider « le pauvre dans ses peines ». Il écrivit, pour recommander les Savoyards, au plus grand homme que la Savoie ait vu naître, depuis saint François de Sales, au comte Joseph de Maistre, son ami, et qui venait de rentrer dans sa patrie, après son long exil à Saint-Pétersbourg.

N'est-il pas aussi admirable qu'édifiant de voir ces deux hommes de génie, les deux plus profonds penseurs de notre siècle, interrompre leurs graves travaux pour échanger, avec l'éloquence de leur noble style, une correspondance au sujet des ramoneurs, décrotteurs, montreurs de marmottes ou de singes, à qui un *petit sou* rend la vie ? En s'adressant au comte de Maistre, M. de Bonald tendait la main au gouvernement royal de Savoie,

(1) A. Guiraud, *le Petit Savoyard*.

en faveur des Savoyards de Paris (1). Il lui parlait de cette *Société des bonnes Œuvres*, qui préparait la renaissance catholique en France et qui, dit-il, comptait « un nombre considérable de jeunes gens ou autres, de toute condition, depuis la Pairie jusqu'à l'humble place de commis »; puis il suppliait son ami d'intervenir auprès du gouvernement de Victor-Emmanuel Ier, pour ces « petits Savoyards qu'on catéchise, dont on soigne, et la conduite, et l'existence ». Il ajoutait :

L'Œuvre des Petits Savoyards vous intéressera particulièrement, monsieur le Comte ; et nous continuerons ici, envers eux, les soins de votre administration paternelle.

On leur ferait beaucoup plus de bien, si on avait beaucoup plus de ressources; mais il y a ici tant d'objets d'un intérêt majeur qui ne sont entretenus que par les aumônes des fidèles, et même on peut dire des royalistes : Grands et Petits Séminaires ; hospices pour les enfants ; secours pour tous les âges, etc., qu'en vérité, au milieu de toutes les pertes qu'ont éprouvées les familles les plus opulentes, et du peu de ressources qu'on trouve généralement dans celles qui se sont enrichies, l'abondance des besoins rappelle tout à fait la cruche inépuisable de la veuve de Sarepta.

Si votre Gouvernement, monsieur le Comte, voulait nous envoyer quelques secours et coopérer à une

(1) Lettre du 15 décembre 1817.

bonne œuvre, dont tous les fruits ne sont pas perdus pour lui, lorsque les braves enfants reviennent dans leur pays, nous les recevrions avec reconnaissance. Je sais qu'une autre fois, monsieur le marquis de Sostegno, votre ambassadeur ici, a fait parvenir quelques secours à la *Société* (1).

Les secours du roi de Sardaigne, si éprouvé lui-même par les derniers événements, arrivaient en effet à ses petits sujets, les Savoyards de Paris. La preuve en est dans une lettre de l'auteur du *Pape* à l'auteur de la *Législation primitive.* Dans cette lettre, du 25 mars 1820, une des dernières du grand écrivain et qui est comme son testament social, ou le suprême écho de sa philosophie politique sur le rôle des Bourbons, de l'Angleterre, de l'Autriche, de l'Espagne, M. de Maistre se repose ainsi de ces hautes envolées :

... Je me suis informé de l'Œuvre des Petits Savoyards. Il m'a été répondu que le Roi l'a constamment soutenue, et que, dernièrement, l'Œuvre a reçu six cents francs de la part de notre gouvernement. J'ai peu d'espoir d'obtenir des libéralités extraordinaires. Nous sortons du naufrage ; tout est réglé, tout est mesuré.

Les aumônes de la Maison de France se rencontraient avec les aumônes de la Maison de

(1) Voir *Correspondance* du comte de Maistre, t. VI, pp. 324-325.

Savoie dans la caisse des ramoneurs de Paris ; un des chroniqueurs de l'Œuvre nous le raconte, dans le langage pompeux que le dix-huitième siècle avait légué aux contemporains des Frayssinous et des Fontanes : « Nous avons, dit-il, osé faire entendre nos gémissements jusque sur les marches d'un trône auguste et autour d'un royal berceau (1). » Le quêteur fut, en cette occasion, le gouverneur du jeune duc de Bordeaux, le pieux et charitable duc Matthieu de Montmorency.

Au surplus, ce n'était pas seulement à Paris que, pendant la Restauration, la charité catholique s'ingéniait pour aider les enfants émigrant de Savoie ; Bordeaux se distinguait à cet égard entre toutes les bonnes villes du royaume ; et sur les bords de la Gironde, il y avait une œuvre des Ramoneurs, qui rivalisait avec celle des bords de la Seine, pour leur bien spirituel tout ensemble et temporel. Comme jadis l'archevêque de Paris, le digne archevêque de Bordeaux, Mgr de Cheverus, pair de France, sollicita les faveurs du Saint-Siège, au nom des ramoneurs qu'on évangélisait à l'ombre de sa cathédrale. Et, par rescrit apostolique du 1er décembre 1829, Pie VIII leur accorda trois indulgences plénières, à gagner :

1° En la fête de Tous les Saints ;

(1) *Les petits Savoyards*, par un de leurs amis, p. 32.

2° Au jour de saint François de Sales, patron de la Savoie ;

3° Au jour de la première communion des Savoyards.

L'époque, si riche de promesses pour notre pays, ressemblait à un nouvel *âge d'or* pour les enfants de la Savoie. On se livrait à la poésie, au lyrisme sentimental, en l'honneur et au profit des petits Savoyards ; et le livre des *Petis Savoyards par un de leurs amis* a réuni quelques échos des lyres bordelaises, dont la première muse était la bonne volonté. Mais la bonne volonté qui chante inspire, à son tour, la bonne volonté qui donne.

Les *petits Savoyards* étaient aussi à la mode chez les poètes gémissants de l'école romantique. Après les *Méditations*, à côté des *Odes et Ballades*, au temps des *Messéniennes*, on vit éclore une littérature savoyarde, où je ne puis m'attarder ; mais je dois citer deux ou trois noms plus connus et des titres qui méritent de l'être. Le comte de Marcellus, poète et pair de France, composa l'*Idylle du petit Savoyard*. L'abbé Rainguet, auteur de jolis poèmes à chanter comme, par exemple, *l'Oncle Ausone*, écrivit *l'Ange du petit Savoyard*, d'où je détache trois alexandrins sur la première nuit du petit Savoyard à Paris : l'enfant s'est endormi au coin d'une borne ; mais l'Ange veille, étend ses ailes, et murmure ce beau rêve à l'âme du dormeur :

... Que ton front innocent repose sur la pierre;
Doucement sous mes doigts abaisse ta paupière :
Je changerai ta borne en un mol oreiller.

On chantait les ramoneurs, même en vers latins; et qui aurait le loisir de feuilleter l'*Hermes romanus* y trouverait des tours de force poétiques sur l'enfant de Savoie aux prises avec la suie encombrante des cheminées.

Enfin le baron Guiraud, de l'Académie française, publiait en 1823 ses *Idylles savoyardes.* Tout le monde de sept à dix ans a lu, avec attendrissement, ou même appris, cette idylle plus fameuse, en trois tableaux : *le départ*, *Paris*, *le retour*, — poésie de l'enfance et de l'école; mais qui, selon toute apparence, durera plus longtemps que nombre de gros volumes bourrés de vers et de prose, entassés depuis cent ans par les générations successives de nos Quarante Immortels : *Habent sua fata...* Chateaubriand lui-même daignait entamer conversation dans les rues de Reims avec un petit Savoyard qui était venu là, vers la fin de mai 1825, pour assister, comme le noble pair de France, aux fêtes du sacre de Charles X. Et Chateaubriand a consigné cette rencontre dans ses *Mémoires d'outre-tombe* :

Reims, 26 mai 1825.

« Je suis venu de mon pays,
Pas plus haut qu'une botte,

Avecque mi, avecque mi,
Avecque ma marmotte.

» Un petit sou, monsieur, s'il vous plaît !

» Voilà ce que m'a chanté... un petit Savoyard arrivé tout juste à Reims.

— Et qu'es-tu venu faire ici, lui ai-je dit ?

— Je suis venu au sacre, monsieur.

— Avec ta marmotte ?

— Oui, monsieur,

Avecque mi, avecque mi,
Avecque ma marmotte,

m'a-t-il répondu en dansant et en tournant.

— Eh bien, c'est comme moi, mon garçon.

» Cela n'était pas exact ; j'étais venu au sacre sans marmotte, et une marmotte est une grande ressource...» (1)

Heureux temps ! où les cithares de l'Académie et de la Pairie chantaient les aventures et l'odyssée du petit Savoyard ; où des hommes d'Etat, des philosophes sublimes quêtaient pour les petits Savoyards; où les étudiants de Paris enseignaient les Commandements de Dieu et le bonheur de vivre aux petits ramoneurs de France. Ce temps, comme tous les temps heureux, passa vite. L'Œuvre des ramoneurs subit violemment le contre-coup des deux révolutions qui ont bouleversé notre pays, en 1830 et en 1848. La première de ces révolutions chassa de Paris ou même de France les principaux bienfaiteurs des

(1) *Mém.*, édit. Ed. Biré, t, IV, pp. 306-307.

Savoyards; l'autre chassa de Paris les Savoyards eux-mêmes.

Jusqu'en 1847, des chrétiens vaillants avaient continué sans bruit l'apostolat de la *Congrégation* parmi les petits ramoneurs; à la tête de ces dévoués, il convient de nommer M. le baron de Damas, M. le comte de Lambel et M. le comte de Puyraymond (1).

Grâce à Dieu, les révolutions passent. Les Savoyards sont revenus à Paris; ils y sont revenus avec la qualité de Français; et, en 1860, l'*Œuvre des Ramoneurs* de Paris a commencé de renaître là où elle avait grandi; sur la Montagne Sainte-Geneviève, à deux pas de l'emplacement du

(1) Des *Œuvres de ramoneurs* se sont fondées pendant notre siècle, ailleurs qu'à Paris et à Bordeaux. Plusieurs de nos grandes villes ont des centres de réunion pour ces pauvres « hirondelles d'hiver ». Signalons au moins l'œuvre établie à Angers (1853-1854) par le P. Léon Gautier, maître des novices de la Compagnie de Jésus. Il assigna aux ramoneurs, pour *école* et lieu de catéchisme, une salle de la résidence; et il les confia au zèle actif, entreprenant, patient, des novices. Lui-même prenait un intérêt tout paternel au bien de leur âme; ainsi, « pendant plus d'une semaine, il se fit amener dans sa chambre le plus jeune d'entre eux, afin de lui apprendre à faire le signe de la croix ». En même temps, il récoltait des aumônes, achetait des vêtements, et fêtait, de son mieux, les petits montagnards de Savoie et d'Auvergne, au jour de la première communion, — après que les novices avaient joyeusement dépensé leur temps et leur savon à « laver et blanchir » leurs chers néophytes *noirs;* puis à transformer la salle de l'école en salle de festin. (*Vie du P. Gautier*, par le P. Jean Noury, 1864, p. 88 et suivantes.)

collège de Reims, où le jeune Lepelletier de Sousy faisait le catéchisme aux ramoneurs du dix-septième siècle ; et de ce collège de Lisieux, où l'abbé de Pontbriand en réunissait des légions, au siècle de Voltaire. Un Frère des Ecoles chrétiennes et un Jésuite ont fondé, pour les ramoneurs et autres petits artisans des rues, *l'Ecole Pontbriant;* non loin de l'Ecole Polytechnique, sur les hauteurs sanctifiées par le tombeau de sainte Geneviève. Disons d'un mot que des personnages de l'Eglise, des lettres, des arts, de l'aristocratie, de la politique, mais surtout de la charité, sont venus — depuis quarante ans — dans cette obscure Impasse-aux-Bœufs, dans cette humble *Ecole;* qu'ils y ont ouvert leur bourse et tendu leur main à ces vrais fils du peuple qui travaille, qui croit en Dieu, qui ne fait point de révolutions — sauf dans les cheminées auxquelles ils rendent l'air et la liberté.

Comme il y a quatre-vingts ans, aux belles années de la *Congrégation*, ces jeunes gens appartenant aux meilleures familles consacrent aux petits Savoyards leurs jours de congé, et leur science attestée par des diplômes. Le petit Savoyard est redevenu un être poétique ; et, comme jadis, des poètes ont accordé leur cithare pour célébrer les exploits et réjouir les fêtes de ces petits artistes du feu. L'un des plus féconds a été cet homme de bien, M. Claudius Hébrard, qui a rimé presque un volume de compliments et de conseils d'ami à cette famille voyageuse ; citons au moins ce début :

Chers enfants, barbouillés de suie et de fumée,
Hirondelles d'hiver, dont la voix enrhumée
Nous annonce le froid, mais dont l'agile main
Du feu qui nous réchauffe apprête le chemin ;
Chers petits cendrillons, dont l'humble destinée
Et commence et finit dans une cheminée ;
Vous, qu'on voit, si légers, sauter de toits en toits,
Comme fait l'écureuil ou l'oiseau dans les bois (1)...

Le grand Pape Pie IX, lui aussi daigna écrire pour eux (2), de sa propre main, au bas d'une photographie qui représentait un petit ramoneur, trois ou quatre lignes où il les bénissait et leur souhaitait, malgré leur visage noir, une âme blanche et pure :

QUAMVIS NON MUNDI IN VULTU
DEUS FACIAT VOS SEMPER MUNDOS IN CORDE
ET VOS BENEDICAT
PIUS PAPA IX.

Comme on le voit, l'*École Pontbriand* a déjà une histoire ; quand le temps en sera venu, elle aura son historien. Nous ne voulons ici que si-

(1) Extrait du *Journal des Bons Exemples*, livraison d'avril, 1865.
(2) Le 26 juillet 1873.

gnaler la renaissance de cette œuvre, l'hommage rendu à la mémoire de l'abbé de Pontbriand ; et dire, qu'entre le passé et l'avenir, la chaîne du dévouement aux plus humbles, aux plus abandonnés, est renouée sur les hauteurs de la grande ville.

A côté de cette œuvre, plutôt brillante, il en existe depuis quelque cinquante ans, une autre non moins utile, où s'exercent le zèle très actif et la charité modeste des étudiants chrétiens de Paris. Sur la Montagne Sainte-Geneviève, on s'occupe surtout des ramoneurs et autres *artistes* qui ont fait leur première communion ; les plus jeunes, les arrivants, les apprentis, sont évangélisés aux Carmes ou dans les alentours. La première communion se fait chez les Pères Franciscains de la rue des Fourneaux, après une retraite de huit jours, pour les enfants, les parents, les patrons ; retraite qui se donne à Saint-Etienne-du-Mont. L'un des plus illustres protecteurs des petits communiants ramoneurs fut encore, dans ces derniers temps, un prêtre-gentilhomme, ainsi que les abbés de Pontbriand et de Fénelon ; orateur, écrivain, politique, véritable ami du peuple ; il s'appelait M. l'abbé — depuis, monseigneur — d'Hulst.

Ma tâche est achevée. Je demande seulement à mes lecteurs d'imiter les petits ramoneurs, qui ont coutume de chanter un bout de chanson, lorsqu'ils ont ramoné la cheminée de bas en haut, et que, parvenus au sommet, ils reprennent haleine en plein ciel. Voilà une douzaine d'années, en mars 1887, à l'occasion d'une visite que l'archevêque de Paris daigna rendre « aux petits ramoneurs et jeunes fumistes » de l'École Pontbriand, on me demanda quelques couplets de fête. Les couplets furent dits au vénérable visiteur par un ramoneur, en costume de travail ; les voici, pour finir :

A SA GRANDEUR MONSEIGNEUR L'ARCHEVÊQUE DE PARIS

I

C'est le bon Dieu qui vous envoie
Chez votre peuple ramoneur !
A notre Auvergne, à la Savoie,
Ça fait vraiment bien de l'honneur...
Pardon, ma phrase est mal tournée,
Et je suis pris d'un tremblement ;
Je descends d'une cheminée
Pour vous faire mon compliment.

Vous qui vivez parmi les gloires,
Et, comme on dit, sous des lambris,
Vous voilà chez vos brebis noires,
Vous, grand pasteur du grand Paris...
Ma gorge est bien mal ramonée,
Je suis tout je ne sais comment ;
Mais je sors d'une cheminée
Pour vous chanter mon compliment.

Pour mieux ressembler aux apôtres,
Vous, leur successeur ici-bas,
Vous allez... tout comme nous autres,
Du bas en haut, du haut en bas.
Des gens à mine savonnée
Vous diraient la chose autrement;
Moi, je viens d'une cheminée
Pour vous dire mon compliment.

Vers les petits que tout délaisse
Votre grand cœur aime à venir ;
C'est la souffrance ou la faiblesse
Que votre main aime à bénir ;
Bénir, c'est votre destinée,
Bien faire, c'est votre élément ;
Moi, j'accours d'une cheminée
Où j'ai trouvé ce compliment.

Votre amour, ce soir, vous appelle
Dans ce palais du ramoneur :
Nous, du haut en bas de l'échelle,
Nous crions : Vive Monseigneur !
Voilà ma chanson terminée :
C'est peu, rapport au sentiment ;
Mais, s'il vient d'une cheminée,
Il sort du cœur, mon compliment.

Mgr Richard répondit en souriant : « Mes *brebis noires* ne me sont pas moins chères que mes brebis blanches ». Il ajouta : « Ce qui fait le charme de cette fête, comme de toutes les réunions chrétiennes, c'est la charité qui dilate et rapproche ici tous les cœurs (1). »

Nous ne voulons point d'autre conclusion à cette étude; et il nous semble que, de tous les faits qui remplissent chacune de ces pages, la conclusion se tire d'elle-même : La charité dilate les cœurs et les rapproche.

(1) *Séance du 20 mars 1887;* compte rendu ; Paris, E. de Soye, p. 13.

TABLE

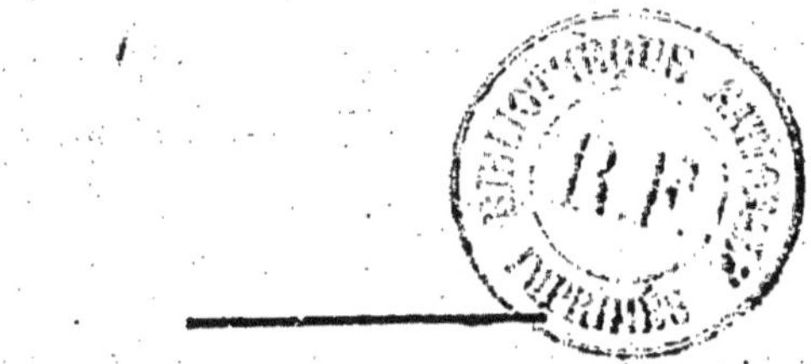

ÉMILE COLIN, IMPRIMERIE DE LAGNY (S.-&-M.)

www.ingramcontent.com/pod-product-compliance
Lightning Source LLC
LaVergne TN
LVHW020402230826
846091LV00003B/1116

* 9 7 8 2 0 1 6 1 9 7 9 8 1 *